Österreich
)BLACH
Innichen
Drei Schuster Htt.
Sexten - Moos
Drei Zinnen Htt.
Rotwandwiesen Htt.
Zsigmondy - Comici - Htt.
Misurina
zi
Rif. Citta di Carpi
Piave
Sappada
AURONZO
Rif. Fratelli de Gasperi
d' Ampezzo
Rif. Baion
if. Vandelli al Sorapis
to di Cadore
Lozzo di Cadore
Rif. San Marco
Domegge di Cadore
PIEVE DI CADORE
Bóite
Rif. Padova
TOLMEZZO
no
di Cadore
LONGARONE
Bianchet

Die schönsten Hüttenwege
der Dolomiten

Gerd Bürger/Wilhelm Nußstein

Die schönsten Hüttenwege der Dolomiten

Mit 90 Abbildungen
und 30 Kartenskizzen

Bruckmann München

Umschlagvorderseite:
Rifugio Citta di Carpi, Cadinigruppe
Umschlagrückseite:
Rifugio Guido Lorenzi, Monte Cristallo
Alle Aufnahmen stammen aus dem Archiv der Autoren

Herstellung: F. Bruckmann KG, München
Graphische Kunstanstalten
Printed in Germany
ISBN 3 7654 1842 0

Inhaltsverzeichnis

Einführung 7

Puflatsch-Hütte 11
Im Paradies für leichte Wanderungen

Langkofel-Hütte 15
Massiver Steinbau im Langkofelkar

Antermoia-Hütte 21
Am sagenumwobenen Antermoiasee

Rotwand-Hütte 25
In König Laurins Rosengarten

Regensburger Hütte 31
Beliebte Einkehr auf der Cislesalpe

Puez-Hütte 35
Im ladinischen Lande

Rifugio Pisciadù 41
Raststation an der Sella-Nordseite

Rifugio Marmolada 45
Hütte für Marmolada-Aspiranten

Rifugio Rosetta 51
Hochburg für passionierte Wanderer

Rifugio Mulaz 55
Im Nordzug der Pala

Rifugio Camillo Giussani 61
Ausgangspunkt für die Drei Tofanen

Rifugio Monte Lagazuoi 65
Haus in den Wolken

Fanes-Hütte 71
Im Sagenreich der Fanes

Seekofel-Hütte 75
Domizil in den Pragser Dolomiten

Rifugio Cinque Torri 81
Im Cortineser Klettergarten

Rifugio Gianni Palmieri 85
Dreh- und Angelpunkt an der Croda da Lago

Rifugio Venezia al Pelmo Alba Maria de Luca 91
In den Zoldiner Dolomiten

Rifugio »Adolfo Sonino« al Coldai 95
Knotenpunkt am Civettamassiv

Rifugio Guido Lorenzi 101
Adlerhorst in der Forcella Staunies

Rifugio Vandelli al Sorapis 105
Unter dem »Finger Gottes«

Rifugio San Marco 111
Zünftige Bergsteigerunterkunft

Rifugio Baion 115
Ehemalige Alm in den Marmarolebergen

Drei-Schuster-Hütte 121
Berggasthaus im Innerfeldtal

Drei-Zinnen-Hütte 125
Traumlage in den Alpen

Zsigmondy-Comici-Hütte 131
Denkmal für zwei berühmte Bergsteiger

Rotwandwiesen-Hütte 135
Am Fuß der Sextener Rotwand

Rifugio Citta di Carpi 141
Kleinod in der Cadinigruppe

Rifugio Fratelli de Gasperi 145
In den Pesariner Dolomiten

Rifugio Padova 151
Stützpunkt in den Karnischen Voralpen

Rifugio Furio Bianchet 155
Im Nordwesten der Schiaragruppe

Schrifttum zu den Hüttenwegen 159

Einführung

Der griechische Geschichtsschreiber Polybios nennt im Jahre 150 v. Chr. zum erstenmal den Namen »Alpen«; vorher war das Gebirge als »Arkynien« und »Herkynien« bekannt. Auf der Suche nach Jagdbeute und Bodenschätzen hatten sich die Menschen schon sehr früh in die Berge gewagt: älteste Zeugen sind Funde aus prähistorischer Zeit. Die Alpenüberschreitung gelang schon den Kelten im 5. Jahrhundert v. Chr. und später, 218 v. Chr., zog der karthagische Feldherr Hannibal mit seinem Kriegsheer und 37 Elefanten über das Gebirge, vermutlich am Col de la Traversette in den Cottischen Alpen, im heutigen Grenzgebiet zwischen Frankreich und Italien. Unter der Herrschaft der Römer schließlich, im Jahr 46 n. Chr., wurde mit dem Bau der Brennerstraße begonnen. Sie gilt heute noch als wichtigster Nord-Süd-Übergang im gesamten Alpenbereich und bietet den bequemsten Zugang zur Zauberwelt der Dolomiten.
Dichter und Naturforscher waren die ersten, die diese Berge durchwanderten und ihre Schönheit entdeckten. Schon sehr früh, zur Zeit der Kreuzzüge, stand die Erzählkunst der Dolomitenbewohner in hoher Blüte. Karl Felix Wolff hat die sagenhaften Begebenheiten des rätoromanischen Urvolkes in seinen »Dolomiten-Sagen« festgehalten.

Die touristische Erschließung der Dolomiten begann im sogenannten »Goldenen Zeitalter« des Alpinismus, 1855 bis 1865, in einem Jahrzehnt, in dem die wichtigsten Alpengipfel erobert wurden. Diesen Beginn markiert die Erstersteigung des Monte Pelmo im Jahre 1857 durch den Engländer John Ball. Er war es auch, der gemeinsam mit William Matthews und Edward Shirley Kennedy den ersten alpinen Klub der Welt gründete. Von Paul Grohmann, Eduard von Mojsisovics und Guido Freiherr von Sommaruga ins Leben gerufen, folgte 1862 der Österreichische Alpenverein, und 6 Jahre später gab es auch den Deutschen Alpenverein. Beide schlossen sich 1873 zum Deutschen und Österreichischen Alpenverein zusammen.
Die großen Dolomitengipfel wurden in der Zeit von 1857 bis 1875 bezwungen. Der Pionier war Paul Grohmann mit seiner Erstbesteigung des höchsten Dolomitenberges, der Marmolada. Ihm folgten Francesco und Alessandro Lacedelli, die Gebrüder Zugliani und nicht zuletzt Peter Salcher, Michl und Franz Innerkofler aus Sexten. In der Zeit zwischen 1876 und 1890 begann die Epoche der großen Führer und kühnen »Führerlosen«. Unvergeßlich bleiben Namen wie Gebrüder Zsigmondy, Ludwig Purtscheller, Julius Kugy, Georg Winkler oder Alois Zott. Es folgte die »altklassische Periode« des Dolomitenbergsteigens, 1891 bis 1900, mit hervorragenden Kletterern wie Antonio Dimai, Hermann Delago, Hans Stabeler, Karl Berger, Otto Ampferer, Santo Siorapaes. Bis zum Ausbruch des Ersten Weltkrieges gab eine neue Generation den Ton an, die die letzten großen, noch offenen Wandprobleme löste: Luigi Rizzi, Michele Bettega, Paul Preuß, Hans Dülfer, Viktor Wolf von Glanvell, Günther Freiherr von Saar und der verwegene Tita Piaz. Der Krieg erzwang einen Stillstand in der Entwicklung, obwohl auf österreichischer und italienischer Seite alpinistische Glanzleistungen vollbracht wurden. Nach dem Krieg kamen dann Emilio Comici, Domenico Rudati, Felice Franceschini und die ganz Extremen, Lino Lacedelli, Guido Lorenzi, Walter Bonatti, Dietrich Hasse, Lothar Brandler, Jörg Lehne und Siegfried Löw.

Die Landschaften Südtirols, wie wir sie heute erleben können, sind seit vielen Jahrhunderten vom Menschen gestaltet. Die bizarre Bergwelt der Dolomiten hat dem Bestreben der Bewohner, die Natur nach ihren Vorstellungen und Bedürfnissen umzuformen, am längsten Wiederstand geboten. Die Erschließung der Alpen durch Zufahrtswege, Schutzhütten, Seilbahnen und Steiganlagen gibt immer mehr Bergsteigern die Möglichkeit, die Natur, die Erhabenheit gigantischer Felswände und auch die Unbilden von Wind und Wetter zu erleben. In erheblichem Maße ist im Zuge dieser Entwicklung aber auch das Gleichgewicht in der Beziehung von Mensch und Umwelt gestört worden. Daher legten die Provinzen Trient, Belluno und Bozen Naturreservate an und erließen Gesetze zum Schutz der Alpenflora und -fauna, um auch in unserem Interesse die erholungspendende Bergregion in ihrer Ursprünglichkeit zu bewahren.

Puflatsch-Hütte. Im Hintergrund der Schlern mit der Euringer- und der Santnerspitze.

Doch auch für den Menschen bringt die Freizeitwelle, die die Alpen erfaßt hat, Gefahren: Statistiken der Alpenvereine über die Zunahme von Bergunfällen sind beredte Zeugnisse für die Unerfahrenheit und mangelhafte Ausrüstung, mit der sich Bergungewohnte in die Felsregionen wagen. Schon das Gehen auf Hütten- und Höhenwegen, die an schwierigen Stellen durch Drahtseile oder Leitern gesichert sind, verlangt vom Bergwanderer nicht nur Ausdauer und Trittsicherheit, sondern auch Orientierungssinn und Bergerfahrung. Einige der wichtigsten Ausrüstungsgegenstände seien in diesem Zusammenhang genannt: mittelschwere Bergschuhe, wetterfeste Kleidung, Kompaß, Höhenmesser, gutes Kartenmaterial, im Frühsommer – je nach Tourenziel – Eispickel und gegebenenfalls Steigeisen. Bei der Begehung von Klettersteigen sind zur Selbstsicherung unbedingt ein Steinschlaghelm, ein Klettergürtel, eine 4 Meter lange Reepschnur und zwei Schraubkarabiner erforderlich. Zu den größten Gefahren im Hochgebirge zählen die oft überraschenden Wetterstürze. Man sollte daher nicht nur vor Antritt einer Tour die Wetterlage überprüfen, sondern sie auch unterwegs beobachten. Zieht eine Gewitterfront auf, sind markante Geländepunkte, fixe Stahlseile, Eisenleitern und freistehende Bäume unbedingt zu meiden. Ferner sollte sich jeder Bergsteiger Grundkenntnisse in Erster Hilfe aneignen. Eine falsche Behandlung von Verletzten kann sehr leicht schlimme Folgen haben. Auch an das alpine Notsignal kann nicht oft genug erinnert werden: es besteht aus 6 akustischen oder optischen Zeichen in Abständen von 10 Sekunden innerhalb 1 Minute und ihrer Wiederholung nach 1 Minute Pause. Die Antwort der Rettungsmannschaft besteht in 3 Zeichen, die innerhalb 1 Minute in regelmäßigen Abständen gegeben werden.

Wir hoffen, daß Ihnen, liebe Bergfreunde, diese Tips für das richtige Verhalten im Hochgebirge nützlich sein werden. Nach dem Motto »Geh in die Berge und komm gesund wieder« wünschen wir Ihnen erholsame Bergwanderungen, stolze Gipfelsiege und angenehme Hüttenaufenthalte in den Dolomiten, für uns eine der schönsten Gebirgslandschaften der Erde.

Wilhelm Nußstein
Gerd Bürger

A.V.S. SCHUTZHAUS
EINGANG

Besonders interessant für Amateurgeologen ist die Wanderung hinauf zur Tierser-Alpl-Hütte.

Puflatsch-Hütte

Paradies für leiche Wanderungen, 1980 m

Die Seiser Alm ist mit einer Länge von 16 Kilometern und einer Breite von 12 Kilometern eine der größten und schönsten Hochweiden des Alpenraumes, ein Gebiet für Wanderer aller Altersklassen. Hier kann das Erlebnis Bergwandern vor allem auch den noch sehr aufnahmefähigen Kindern die Naturschönheiten besonders nahe bringen.
Man erreicht die Seiser Alm von St. Ulrich im Grödner Tal und aus den Ortschaften Kastelruth und Seis von Westen. Bedingt durch den Massentourismus entstanden in den letzten Jahren zahlreiche Hotelbauten. Am »Eurotel« zweigt ein Sträßchen nach Norden ab, und hier beginnt auch schon der kurze Aufstieg zu unserer versteckt liegenden Hütte, die die Sektion Bozen im Jahre 1969 am Südwestrand der Puflatsch-Hochfläche errichtete. Eine der schönsten Hütten der Dolomiten, vermittelt die Puflatsch-Hütte des Südtiroler Alpenvereins (Gründungsjahr 1945) mit ihren holzverkleideten Innenräumen eine gastliche, gemütliche Atmosphäre.
Das Hauptgestein vieler phantastischer Gipfelbauten des Rosengartens, des Langkofels, des Latemar, der Sellagruppe und der Geislerspitzen ist der Dolomit. Neben dieser Gesteinsart, entstanden aus den Kleintieren des Meeres, das einst jene Landschaft überflutete, haben sich im Laufe der erdgeschichtlichen Entwicklung Porphyre, Kalke, Tonschiefer, Mergel, Sandsteine und andere Gesteinsarten gebildet. Das Zusammentreffen unterschiedlicher Gesteine schuf für verschiedenste Alpenpflanzen geeignete Lebensgrundlagen, wie sie nur die Dolomiten zu bieten vermögen. Die beste Jahreszeit, um auf der Seiser Alm kilometerweit durch ein Blumenmeer zu wandern, sind die Monate Juni und Anfang Juli. Im Grün der Wiesen leuchten Schwefelanemonen, dottergelbe Trollblumen, porzellanfarbig weiße Alpen-Anemonen, dunkelblaue Blütenkelche des Frühlingsenzians und des Stengellosen Enzians, rote Polster der Mehlprimeln, blauviolette Glöckchen der Soldanellen, buschige Sträucher der Alpenrosen und zahlreiche Orchideenarten. Auch im August sind noch botanische Kostbarkeiten zu entdecken: Edelweiß, Alpen-Leinkraut, Dolomiten-Fingerkraut und Rundblättriges Täschelkraut.
Die Wanderung auf den Puflatsch und zu den Hexenstühlen ist der Auftakt in unserem Tourenprogramm. Von der Hütte aus gehen wir vorerst in nördlicher Richtung der idyllisch gelegenen *Arnika-Hütte* entgegen und dann zum doppelarmigen Holzkreuz, das den Scheitelpunkt der Puflatsch-Hochfläche (2174 m) kennzeichnet. In unmittelbarer Nähe befinden sich die sogenannten Hexenstühle. Es sind von Menschen geschaffene, nach Süden hin ausgerichtete, steinerne Doppelsitze mit Armlehnen. »Kaiser-«, »Teufels-« und »Herrgottsitz« sind Bezeichnungen für andere Steinsessel dieser Art im Alpenraum. Waren es Kultstätten aus vorgeschichtlicher Zeit? Gegen Westen erblicken wir das Dorf Kastelruth, die Eisackschlucht, das Rittner Horn und die weißschimmernden Ketten der Cevedale- und Ortlergruppe. Wir können nun auf dem Anmarschweg zur Puflatsch-Hütte zurückkehren oder benützen den steilen »Schnürlsteig«, der zu dem 660 Meter tieferliegenden Dorf Pufels führt.
Auch Amateurgeologen finden hier ein reichhaltiges Betätigungsfeld vor, besonders auf der Wanderung zur *Tierser-Alpl-Hütte.* Zunächst gehen wir südostwärts auf blumenübersäten Almmatten querfeldein oder auf dem schottrigen Sträßchen in Richtung Hotel »Goldknopf«. Bei der Wegteilung unterhalb des Hotels bringt uns Markierung 7 zum *Molignon-Haus* und weiter durch geologisch und mineralogisch interessantes Gebiet zum *Seiser Alpenhaus.* Auf dieser Wegstrecke überschreiten wir bereits steile, im Melaphyr ausgewaschene Gräben, die sogenannten »Bohlen«. Selbst ohne Geologenhammer sind schöne Calcit- und Quarzkristalle sowie Teilstücke von Drusen zu entdecken. Hinter dem Seiser Alpenhaus übernimmt nunmehr Markierung 4 die Führung. Unterhalb der bizarren Roßzähne kreuzt unser Weg einen schwarzerdigen Graben, die »Diahler Schlucht«. An den Felsen des Bachbettes finden sich ebenfalls weißgelbe Kristalle von Calcit und Dolomit. Das Ziel des Tages, die Tierser-Alpl-Hütte, ist nicht mehr weit.
Für den nächsten Tag ist der Aufstieg zum Molignon vorgesehen. Die Untergruppe des Molignon-Fallwandzuges verläuft von Nordwesten nach Südosten in einer Länge von vier Kilometern vom Tierser Alpljoch bis zum Mantello.

Schlern, das »Wahrzeichen Südtirols«, mit Santnerspitze, von Nordwesten.

Diese kompakte Wandflucht fällt gegen Nordosten ins obere Durontal steil ab. Rund 400 Meter erhebt sich der wuchtige Mauerwall aus dem Grasleitenkessel. Auf unserer einsamen Bergtour ersteigen wir den Nordwestlichen, Mittleren und Östlichen Molignon. Mit 2852 Meter Seehöhe markiert der Mittlere Molignon den höchsten Punkt. Die tiefe Nordscharte trennt den Nördlichen Molignon vom eigentlichen Zug gleichen Namens und wird oft unrichtig als Alpenplatte bezeichnet. Unser erstes Ziel ist der leichteste Gipfel, der Nordwestliche Molignon. Aus dem *Molignon-Doppelpaß* geht es auf Steigspuren in eine Rinne, die sich später zu einem Kamin verengt und zum Vorgipfel, dem Nordgipfel des Molignon, führt. Weitere Steigspuren leiten über den schmalen und etwas ausgesetzten Grat nach Süden zum Nordwestlichen Molignon. Herrliche Tiefblicke in den Grasleitenkessel! Der weitere Weg zum Mittleren und Östlichen Molignon ist schmal und exponiert, aber nicht schwierig. Südöstlich ersteigen wir über die markante Mittelscharte den Mittleren und Östlichen Molignon und erleben eine wilde, uns noch unbekannte Dolomitenlandschaft.

Der krönende Abschluß unseres Programms ist die Besteigung des Schlern. Aus der Vogelschau erweist sich das beeindruckende Schlernmassiv als riesiges Dreieck. Im Innern des Dreiecks breitet sich eine tafelartige, begrünte Hochfläche aus, deren höchster Punkt der 2554 Meter hohe Pez ist. An seinem Fuße liegt eine der ältesten Schutzhütten der Dolomiten, das Schlernhaus, zugänglich von der Seiser Alm. Vom *Schlernhaus* halten wir uns nördlich und steigen in einer guten Viertelstunde zur höchsten Erhebung der Schlernhochfläche empor, um das Gipfelmeer zu bewundern, das an Tagen mit azurblauem Himmel besonders eindrucksvoll ist.

Touristische Angaben

Talorte: *St. Ulrich* (1236 m), bekannter Fremdenverkehrsort im Grödner Tal. *Kastelruth* (1060 m), 7 Kilometer von Waidbruck im Eisacktal entfernt. *Seis am Schlern* (1002 m), erholsamer Sommer- und Wintersportort von Kastelruth 1½ Kilometer entfernt.

Unterkünfte: *Puflatsch-Hütte* (1980 m), Alpenverein Südtirol; Sektion Bozen. Bewirtschaftet vom 1. Juni bis 30. Oktober, 35 Betten, elektrisches Licht. Hüttenwirt: Bergführer Robert Egger, Puflatsch-Hütte. Vom Eurotel auf der Seiser Alm bequemer Fußweg, 20 Minuten.

Tierser-Alpl-Hütte (2438 m), privat. Bewirtschaftet vom 15. Juni bis 5. Oktober, 26 Betten und 36 Lager. Von der Puflatsch-Hütte über das Seiser Alpenhaus in leichter Wanderung, 3 Stunden.

Schlernhaus (2457 m), Club Alpino Italiano, Sektion Bozen. Bewirtschaftet vom 10. Juni bis 5. Oktober. Von der Puflatsch-Hütte 4 Stunden entfernt.

Bergtouren: *Puflatsch* (2174 m), interessante Rundtour über die Hexenstühle, 2½ Stunden. *Mittlerer Molignon* (2852 m) und *Östlicher Molignon* (2843 m) von der Tierser-Alpl-Hütte, 2 Stunden; Trittsicherheit erforderlich. *Schlern* (Pez, 2554 m), von der Puflatsch-Hütte, 4 Stunden.

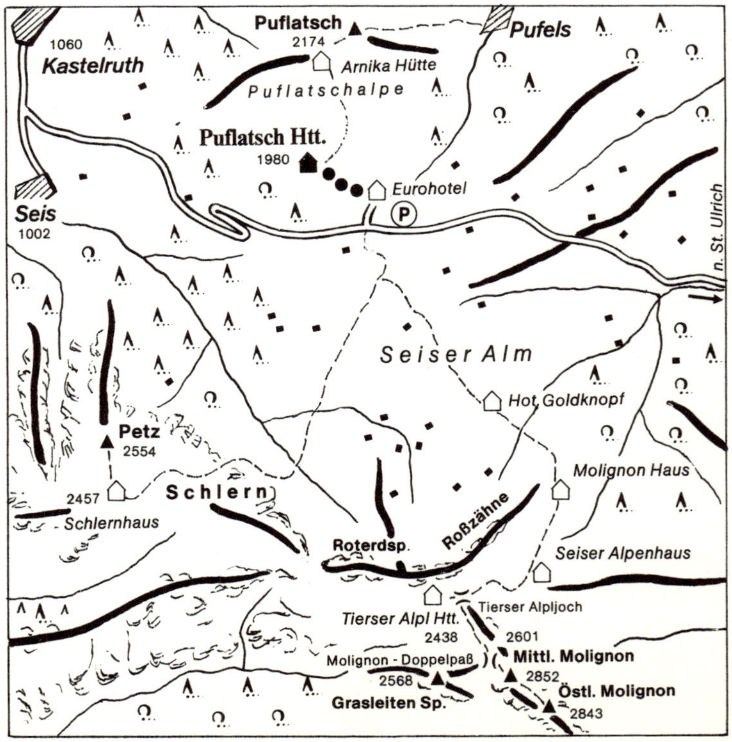

RIFUGIO VICENZA AL SASSO LUNGO

Die Langkofel-Hütte im gleichnamigen Kar. Beliebt ist der Hüttenweg, der von St.Christina seinen Anfang nimmt.

Langkofel-Hütte

Massiver Steinbau im Langkofelkar, 2252 m

Auf der Fahrt durch das Grödner Tal, weltberühmt auch wegen seiner Holzschnitzereien, fällt zuerst das Wahrzeichen dieser Talschaft auf, der mächtige Nordpfeiler des majestätischen Langkofels. Daneben fesseln den Blick die alten Gehöfte mit ihren breitausladenden Dächern und den blumengeschmückten Balkonen.

Je mehr sich die Straße dem Sellajoch zuwendet, um so größer und wuchtiger tritt das Langkofelmassiv in Erscheinung. Den nördlichen Teil dieses Massivs bildet die Langkofelspitze; sie ist mit ihren 3181 Metern die höchste Erhebung. Eine Reihe von selbständigen Türmen und Spitzen, die zusammen einer riesigen Mauer gleichen, verläuft von Nordwesten nach Südosten. Getrennt durch den tiefen Einschnitt der Langkofelscharte erhebt sich südwestlich vom Langkofeleck die elegante Fünffingerspitze. Vom Sellajoch aus gleicht der gezackte Felsberg einer offenen Hand, die mit gestreckten Fingern zum Himmel weist. Die Grohmannspitze, ähnlich einer massigen, unregelmäßigen Pyramide, ist durch die Fünffingerscharte von der Fünffingerspitze getrennt. Noch vor seiner Erstbesteigung wurde dieser Berg, der aus dem gewaltigen Halbrund der Gruppe gegen Süden am weitesten hervorspringt, nach dem berühmten Wiener Bergsteiger Paul Grohmann benannt. Der benachbarte Innerkoflerturm wird von der Grohmannscharte und vom Zahnkofel durch die Zahnkofelscharte geschieden. Wie ein gewaltiger Raubtierzahn ragt der Zahnkofel zwischen dem Innerkoflerturm und den östlichen Zacken des Plattkofels empor. Den westlichen Teil der Gruppe prägt der Plattkofel. Er besitzt eine annähernd gleichlange Gratbildung wie der Langkofel. Aus dem Grat entspringen weniger markante Erhebungen: der Südost-, Mittel- und Nordwestgipfel. Charakteristisch am Plattkofel ist die überdimensionale Südwestabdachung mit einer Neigung von dreißig Grad, die mit ihrer Basis von etwa 1300 Meter Länge den Rand der Seiser Alm erreicht. In der Gruppe des Langkofels bleibt der Plattkofel neben vielen aussichtsreichen Wanderungen als einziger leichter Gipfel übrig.

Die Akademische Alpenvereinssektion Wien schuf 1884 inmitten der Langkofelgruppe ein Hochtouristenheim, das bereits kurz nach seiner Fertigstellung von einer Lawine zerstört, später jedoch wieder schöner und größer aufgebaut und im Jahre 1903 eingeweiht wurde. Nach dem Ersten Weltkrieg übernahm die Sektion Vicenza des Club Alpino Italiano die Unterkunft und taufte sie »Rifugio Vicenza al Sasso Lungo«. Im Zweiten Weltkrieg schlug eine schwere Bombe in das Hüttendach ein; wie durch ein Wunder explodierte sie nicht, so daß die Hütte erhalten blieb. Sie liegt zentral für alle Normalwege auf den Langkofel, für die Umwanderung der gesamten Gruppe und für den Oskar-Schuster-Steig.

Der beliebteste Hüttenzugang beginnt am *Sellajoch.* Die Stehgondeln der Seilbahn verleiten manchen Bergsteiger zum Einsteigen; der Versuchung zu widerstehen, erfordert schon etwas Überwindung. Neben dem Lift führt ein Serpentinensteig über das steile Schuttkar empor zur *Langkofelscharte* mit der Toni-Demetz-Hütte. Aus der Schattenseite der Scharte windet sich nun der Steig abwärts zu der Stelle, an der sich das Langkofelkar mit dem Plattkofelkar vereinigt, und hier ist der Standort unserer Hütte.

Auch der Weg, der von *St. Christina* im Grödner Tal zur Langkofel-Hütte führt, erfreut sich großer Beliebtheit. Wir folgen zunächst der Straße, die am Hotel »Post« in südlicher Richtung abzweigt und bis zum Sporthotel »Monte Pana« befahren werden darf. Ab hier übernimmt ein leicht ansteigender Karrrenweg die weitere Führung. Wenn der Hochwald zurückgeblieben ist, erreichen wir hinter einer Schottergrube den *Santnerweg,* der uns in landschaftlich herrlicher Umgebung zu den malerischen Wiesen des *Confinbodens* führt. Im Südosten ist jetzt das *Langkofelkar* als Eingangspforte zu unserer Hütte zu sehen. Serpentinen bringen uns dorthin.

Am nächsten Tag wollen wir auf dem nur teilweise versicherten Oskar-Schuster-Steig den Plattkofel besteigen. Früh am Morgen folgen wir den Markierungen gegen Süden ins trümmerübersäte *Plattkofelkar.* Hier liegt auch der kleine Plattkofelgletscher. Eingefangen von himmelhohen Felswänden, die das Kar umschließen, steigen wir bald über einen Firnkegel zum Schrofenband in der Plattkofel-Ost-

Die Berge der Langkofelgruppe von links: Plattkofel, Zahnkofel, Innerkoflerturm, Grohmann- und Fünffingerspitze, Langkofel.

Seite 18 Blick vom Sass Pordoi zur Langkofelgruppe; rechts der würfelförmige Piz Ciavazes.

flanke empor. Der Aufstieg durch felsige Rinnen, über schmale Bänder, kurze steile Wandstufen ist durch Markierzeichen genau vorgegeben. Oft müssen wir die Hände zu Hilfe nehmen, um höher zu kommen. Eine glatte Wandstufe, die einzige drahtseilgesicherte Stelle, wird erstaunlich leicht überwunden. Jetzt folgt noch der Aufstieg durch eine breite Geröllrinne zum nahen Mittelgipfel (2955 m) mit seinem großen Kreuz. Die Aussicht ist grandios. Im Südosten grüßt der höchste Berg der Dolomiten, die Marmolada, südwestlich der Rosengarten mit dem Kesselkogel und der Rosengartenspitze, westlich liegt die Seiser Alm, begrenzt von der Silhouette des Schlern. Beim Abstieg ziehen wir den leichteren eineinhalbstündigen Weg vor, der über die steinige, öde Südwestabdachung des Berges zur neuen *Plattkofel-Hütte* führt, die die abgebrannte alte Hütte ersetzt. Von hier vermittelt der aussichtsreiche Friedrich-August-Weg, benannt nach dem Sachsenkönig Friedrich August, den Übergang zum Sellajoch. Wir können aber auch zu unserem Ausgangspunkt zurückkehren. Markierung 527 führt zunächst nach Norden zum zirbenbewachsenen *Piz da Uridl.* Dort wendet sich der Steig gegen Osten und vereinigt sich unterhalb des Langkofelkares mit dem vom Monte Pana kommenden *Santnerweg.* Jetzt folgt noch ein Gegenanstieg von etwa zweihundert Höhenmetern, bis wir vor der Langkofel-Hütte stehen.

Die Langkofelumwanderung in nordöstlicher Richtung über den »Stradalweg« rundet unser Tourenprogramm ab. Vom Stützpunkt wandern wir erst leicht abwärts, wo uns Markierung 526 zur Höhe des *Piz Ciaulong* bringt. Um einen Höhenverlust zu vermeiden und um Zeit zu sparen, nehmen wir den unmarkierten Steig durch eine zirbenbesetzte Senke und über eine Geröllhalde zum Normalweg, der zusätzlich die Markierung 528 trägt, und kommen zur *Emilio-Comici-Hütte* hinter einem Wiesensattel. Mehr als die Hälfte des Weges ist hier geschafft. Wir wandern weiter über fast ebenes Almgelände durch das Trümmer- und Blockgewirr der sogenannten »Steinernen Stadt«. Unverdeckt liegen die drei Sellatürme in unserem Blickfeld, das nahe Sellajoch und die Talstation des Liftes kündigen das Ende der Tour an.

Touristische Angaben

Talort: *St. Christina* (1427 m), bekannter Fremdenverkehrsort im Grödner Tal. Club Alpino Italiano, Sektion Vicenza. Bewirtschaftet vom 25. Juni bis Ende September.

Unterkünfte: *Langkofel-Hütte* (2252 m), 17 Betten und 40 Lager, elektrisches Licht. Hüttenwirt: Willi Platter, Campitello di Fassa. Telefon: 0462-61203. Vom Sellajoch ist die Hütte 2¾ Stunden und von St. Christina 2 Stunden entfernt.

Plattkofel-Hütte (2249 m), privat. Bewirtschaftet vom 20. Juni bis 30. September, 41 Betten. Vom Sellajoch über den Friedrich-August-Weg in leichter Wanderung zu erreichen, 2½ Stunden.

Bergtour: *Plattkofel* (2955 m), auf dem Oskar-Schuster-Steig, nur für Geübte, 2½ Stunden. Abstieg zur Plattkofel-Hütte 1½ Stunden und zurück zur Langkofel-Hütte, 2 Stunden.

Bergwanderung: Über den *Stradalweg* zum Sellajoch, 3½ Stunden.

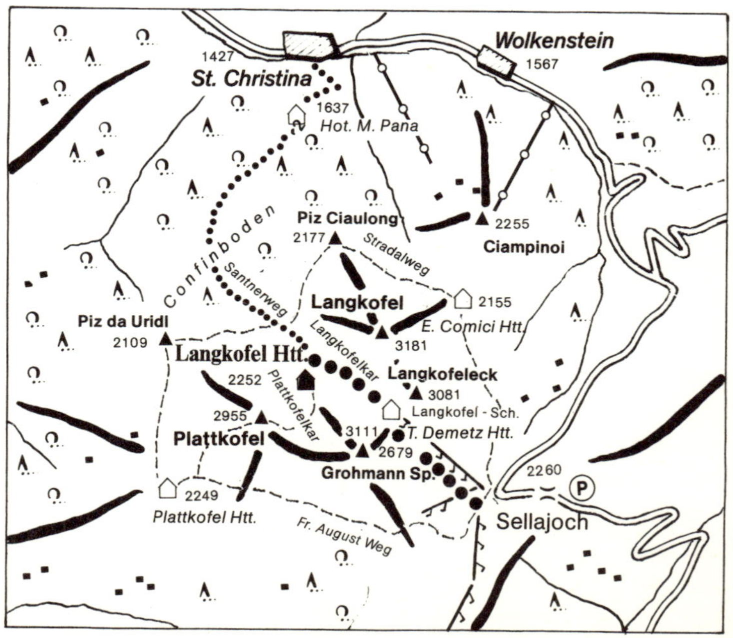

Als eine Riesenmauer überragen die Roßzähne die Tierser-Alpl-Hütte; diese Ansicht bietet sich vom Molignon aus, den man in zwei Stunden erreicht.

Seite 19 Die Lage der Antermoia-Hütte am sagenumwobenen Antermoiasee und die grandiose Felsumrahmung sind einmalig.

Antermoia-Hütte

Am sagenumwobenen Antermoiasee, 2490 m

Die wichtigsten Zugangswege zur Antermoia-Hütte führen vom Fassatal her durch das Vajolet-, Udai-, Dona- und Durontal. Das Fassatal, eines der schönsten und geschichtlich interessantesten Täler im gesamten Dolomitenraum, wurde urkundlich erstmals im Jahre 1050 erwähnt. Unter der Herrschaft der Bischöfe von Brixen mußten sich die Bewohner immer wieder gegen räuberische Einfälle der Trusaner wehren. Die Ladiner, die Rätoromanisch sprechen, überliefern bis heute viele Sagen, deren Ursprung in der Völkerwanderungszeit liegt.

Viele Mühen kostete die einheimische Sektion Fassa des Deutsch-Österreichischen Alpenvereins im Jahre 1911 der Hüttenbau in der Larsecgruppe. Nach dem Ersten Weltkrieg war die Hütte leider dem Verfall preisgegeben, bis sich die Sektion SAT des Club Alpino Italiano ihrer annahm und das kleine Schutzhaus wieder instand setzte. Die Lage am sagenumwobenen Antermoiasee und die grandiose Felsumrahmung sind einmalig. Ein Ladiner bewirtschaftet vorbildlich die Antermoia-Hütte, die für heutige Verhältnisse fast schon zu klein ist.

Zwischen *Pera* und *Mazzin* im Fassatal vermittelt ein in westlicher Richtung abzweigendes Bergsträßchen den Zugang zur Gardeccia-Hütte. Kurz vor der Hütte zweigt östlich der hochinteressante Weg 583 ab, der uns mitten durch die wildromantische, einsame Larsecgruppe führt. Sie bildet den östlichen Teil des Rosengartens und ist von seltener, geheimer Schönheit. Am Fuße des langgezogenen Felsenkomplexes der *Dirupi di Larsec* wandern wir entlang, bis sich der Weg nach Norden wendet. Die zahlreichen Türme und Zacken erinnern an ein verwunschenes, zu Stein gewordenes Schloß, Anstoß für Sagen und Märchen. Kein Geringerer als der junge Hans Dülfer, der während des Krieges am 15. Juni 1915 fiel, begann im Jahre 1913 mit der Erschließung dieser Gebirgsgruppe. Er wollte Larsecs Schönheiten in Wort und Bild preisen, doch sind seine Aufzeichnungen leider verschollen.

Nun wenden wir uns dem Weg zu, der sich in Kehren über Geröll und drahtseilgesicherte Felsstufen zum 2400 Meter hohen *Passo Scalette* emporwindet. Kurz ist der jenseitige Abstieg zum kleinen *Lago Secco*. Das steinige *Val di Lausa*, das sich vom See in nördlicher Richtung erstreckt, ermöglicht den Aufstieg zum *Passo di Lausa* (2720 m), der die Larsec-Hochfläche mit dem Antermoiakessel verbindet, in dem die Antermoia-Hütte liegt. Der Weg dorthin ist kaum noch zu verfehlen.

Drei weitere Hüttenwege, auch für Kinder geeignet, haben wir zur Auswahl: In der Ortsmitte von *Mazzin* wandern wir längs des Antermoiabaches durch das *Udaital* zur Alm Camerloi. Hier treffen wir auf den Weg 577, der von *Fontanazzo* durch das *Donatal* heraufführt. Später vereinigt sich unser Weg mit dem Aufstieg von *Campitello* durch das *Durontal*, markiert mit 578. Gegen Süden zu überwinden wir den 2516 Meter hohen *Donapaß* und erreichen bald darauf die Antermoia-Hütte.

Der Donakogel besitzt drei Erhebungen: den Hüttenkopf (Testone del Rifugio, 2686 m) östlich vom Fallwandsattel, den Donaturm (Torre di Dona, 2705 m) und den Donakogel (Sasso di Dona, 2760 m). Wir besteigen den Hausberg der Hütte, den *Hüttenkopf*. Steigspuren leiten hinauf zum *Fallwandsattel*. Hier wenden wir uns rechts, steigen schräg über die schotterige Ostflanke empor und erklettern schließlich über leichte Schrofen die höchste Spitze des Berges.

Der einzige Gipfel in der Rosengartengruppe, der die Dreitausendmetergrenze überschreitet, ist der Kesselkogel. Von welcher Seite man ihn auch betrachtet – es faszinieren immer wieder die hohen, von Kaminen durchzogenen Wände. Besonders eindrucksvoll sind die Nord- und Südabstürze; die Ost- und Westflanken dagegen werden von je einem breiten, schrägen Band durchzogen, auf dem Klettersteige verlaufen, die es gestatten, den Kesselkogel von Ost nach West bis zum Grasleitenpaß zu überschreiten. Die beiden Engländer Tucker und Carson fanden am 31. August 1872 mit dem Bergführer Bernard aus Campitello als erste die leichteste Führe über die Nordostflanke des Berges. Sechs Jahre später erreichte Johann Santner aus Bozen von Westen her im Alleingang den Gipfel. Sein Weg wurde vom Grasleitenpaß aus versichert und zählt heute noch zu den

Der schönste Anblick zu den Vajolettürmen ergibt sich vom »Gartl« aus. Von links nach rechts: Delago-, Stabeler- und Winklerturm, benannt nach den Erstersteigern.

beliebtesten Klettersteigen in den Dolomiten. Erst im Jahre 1973 wurde die Route der Erstersteiger von der Sektion der Antermoia-Hütte und vom Hüttenwirt Elmar Lorenz markiert und durch Drahtseile und Eisenleitern entschärft. Von der Hütte gehen wir am *Antermoiasee* entlang und westlich der Kesselkogelostwand entgegen, die den schutterfüllten Antermoiakessel abschließt. An einem markanten Felsblock gabelt sich der Weg. Hier halten wir uns rechts, folgen den roten Markierzeichen über Geröll aufwärts und nehmen die erste Seilsicherung der Via Ferrata in Anspruch. Zwei Leitern helfen anschließend, die heikelsten Stellen zu überwinden. Das breite Geröllband, das die Ostwand schräg nach oben durchzieht, bringt uns schließlich hinauf zum Südgrat des Berges. Jetzt folgt noch eine kurze ausgesetzte Gratwanderung und das mit Steinen ausgefüllte Gipfelkreuz in 3004 Meter Höhe ist erreicht. Bei guter Fernsicht sind die Zentralalpen von den Hohen Tauern bis zum Ortler zu bewundern. Zum Greifen nahe ragt im Südwesten die schaufelartige Rosengartenspitze, die der ganzen Gruppe ihren Namen gibt, in den blauen Himmel.
Der Abstieg leitet wieder über den Gipfelgrat nach Norden, biegt dann in die Westflanke des Berges und führt auf das breite Band, das diese Wand diagonal durchzieht. Drahtseile helfen, einige exponierte Stellen leicht zu überwinden. Zuletzt folgt noch eine Eisenleiter und bald darauf stehen wir auf dem *Grasleitenpaß*. Der halbstündige Abstieg nach Norden zur *Grasleiten-Hütte* (Rifugio Bergamo) birgt keine Schwierigkeiten mehr. Geröll und im Frühsommer Schneereste führen uns in den Grund des *Grasleitenkessels*. Bald darauf erreichen wir den engen Taleinschnitt mit der großen, aber gemütlichen Hütte. Die Sektion Leipzig, zweitälteste Sektion des Deutsch-Österreichischen Alpenvereins, weihte die Hütte im Jahre 1887 ein und dachte damals schon vorausschauend, denn mit ihrer Kapazität von 71 Übernachtungsmöglichkeiten zählte die Hütte zu den größten Stützpunkten in den Südlichen Ostalpen. Am nächsten Tag kommen wir von der Grasleiten-Hütte in gemütlicher Wanderung über das Bärenloch zum Talort, nach *Tiers*. Eine schöne knappe Tourenwoche liegt dann hinter uns.

Touristische Angaben

Talorte: *Pera* (1326 m), *Mazzin* (1312 m), *Fontanazzo* (1395 m), *Campitello* (1448 m), Ausgangspunkte im Fassatal.
Unterkünfte: *Antermoia-Hütte* (2490 m), Società degli Alpinisti Tridentini (SAT). Bewirtschaftet vom 29. Juni bis 28. September, 11 Betten und 12 Lager, Gaslicht. Hüttenwirt: Elmar Lorenz, Pozza di Fassa. Von Pera ist die Hütte in 5 bis 6 Stunden zu erreichen; Trittsicherheit unbedingt erforderlich. Leichtere Hüttenwege führen von Mazzin und Fontanazzo in 3½ Stunden und von Campitello in 4 Stunden zum Stützpunkt. *Grasleiten-Hütte* (2119 m), Club Alpino Italiano; Sektion Bergamo. Bewirtschaftet vom 20. Juni bis Ende September. Von der Antermoia-Hütte über den Antermoia- und Grasleitenpaß, 2 Stunden; Talwanderung nach Tiers über das Bärenloch, 2 Stunden.
Bergtouren: *Donakogel* (Hüttenkopf, 2686 m), nur für Geübte, 30 Minuten. *Kesselkogel* (3004 m), Überschreitung auf den Klettersteigen von Ost nach West, 3½ Stunden; Abstieg zur Grasleiten-Hütte, 30 Minuten.

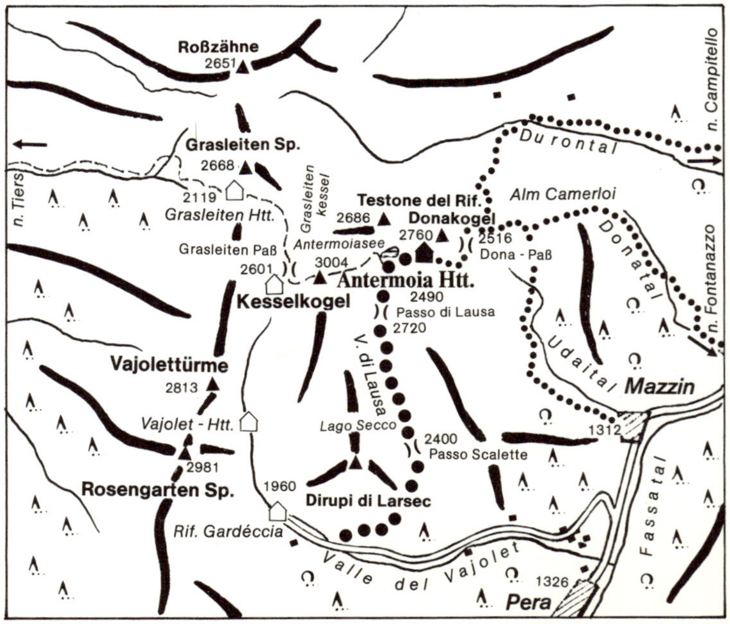

Rotwand-Hütte, beliebte Unterkunft in König Laurins Reich, gegen Tscheinerspitze und Mugoni.

Rotwand-Hütte

In König Laurins Rosengarten, 2280 m

In seiner schönsten Pracht erstrahlt der Rosengarten bei Sonnenuntergang. Bevor die letzten Strahlen hinter dem Horizont versinken, verfärbt sich die langgezogene Zackenkette seiner Felsengipfel blutrot. Diese Naturerscheinung nennt man gemeinhin Alpenglühen. Oder sind es gar König Laurins Rosen, die in der Dämmerung wieder sichtbar werden? Die alten Legenden über sein Reich, seine Zwerge und Helden, seine Lichter, Farben, Gipfel und Wände wurden in zahlreichen Büchern niedergeschrieben. Wir haben uns entschlossen, König Laurins Reich näher kennenzulernen und dafür als Stützpunkt die Rotwand-Hütte ausgesucht. Ostertag-Hütte hieß sie früher. Der Stuttgarter Karl Ostertag Siegle unterstützte mit finanziellen Mitteln die Sektion Welschnofen des Deutsch-Österreichischen Alpenvereins. So entstand im Jahre 1906 am Ciampazsattel, im Südosten des Rosengartens, ein kleines, heimeliges Haus. In seiner Umgebung zeigen sich die Rotwand, Teufelswand, Tscheinerspitze und Mugonispitzen kühn und doch harmonisch. Kein Wunder, daß Bergsteiger, Kletterer und Wanderer magnetisch angezogen werden.

Den kürzesten Zugang zur Rotwand-Hütte vermittelt der Rosengartenlift, dessen Talstation sich beim Gasthof »Alpenrose«, westlich der Karerpaßhöhe befindet. Eine Stunde Aufstieg haben wir uns erspart, wenn wir dem Lift in 2127 Meter Höhe an der *Paolina-Hütte* entsteigen. Von hier spazieren wir in östlicher Richtung zum großen Bronzeadler, der an den Bergsteiger und Förderer des Fremdenverkehrs, Christomannos, erinnert. Noch zwanzig Minuten sind zu gehen, bis wir unser Quartier erreichen.
Der anspruchsvollste Hüttenanstieg, verbunden mit der Überschreitung der 2806 Meter hohen Rotwand, beginnt ebenfalls an der Paolina-Hütte. Hier orientieren wir uns nach dem *Hirzelweg,* der kurz vor dem Christomannos-Denkmal, links unterhalb der gewaltigen Rotwand entlangzieht und sich im Zickzack emporwindet zum *Vaiolonpaß* (2560 m). Dort beginnt auch der Aufstieg zum vielbesuchten Rotwandgipfel. Ab und zu müssen wir ein wenig klettern, um einige Schrofen zu überwinden. Ansonsten ist die Route über den Nordrücken des Berges durch klare Steigspuren und zahlreiche Farbkleckse genau vorgezeichnet. Vom großen eisernen Gipfelkreuz aus bestaunen wir über das Fassatal hinweg den im Nordosten aufragenden, mächtigen Gebirgsstock der Sella, im Osten grüßt die Marmolada, im Süden präsentieren sich die Palaberge und ganz in der Nähe das Latemargebirge mit seinen splitterfein gezackten Graten, die steil zu den Weidehügeln am Karersee abstürzen. Nach Norden ist die Sicht durch die höhere Tscheinerspitze etwas verdeckt, jedoch das Wahrzeichen Südtirols, der Schlern, ist zu sehen. Der Abstieg über den Südgrat des Berges ist unschwierige Kletterei im I. Grad. Über grasdurchsetzte Schrofen bergab erreichen wir eine Eisenleiter, die uns zum Fuße einer niedrigen Wand bringt. Rote Markierzeichen leiten zur Einschartung zwischen der Rotwand und der Teufelswand. Am originellen Fensterlturm geht es vorbei und bald darauf zur Rotwand-Hütte – die Nord-Süd-Überschreitung der Rotwand ist uns geglückt.
Der Hüttenweg durch das Vaiolontal beansprucht drei Stunden, *Vigo di Fassa* ist der Ausgangsort. Markierung 547 führt uns anfangs an der Bachfurche des *Rio di Valle* entlang, später zum bekannten Fassaner Höhenweg oberhalb der *Vaélalm* und bald darauf zur Hütte.
Sehr beliebt in König Laurins Felsenreich ist die Wanderung zur Vajolet- und Preuß-Hütte. Unter dem charakteristischen Fensterlturm und den Rotwandostabstürzen wandern wir in nördlicher Richtung der auffallend gelben Wand der Mugonisüdspitze entgegen und in Kehren aufwärts zum *Cigoladepaß.* Von hier blicken wir hinunter ins Vajolettal mit den beiden Schutzhütten, zum Grasleitenpaß und wuchtigen Kesselkogel, auf die Larsecgruppe und die Rosengartenspitze. Unser Weg setzt sich jenseits des Passes fort. Im Geröll geht es wieder abwärts, an der Wegkreuzung unter dem Tschagerjoch vorbei und am Fuße der ungeheuren Ostwand der Rosengartenspitze entlang, bis die stark frequentierten Hütten erreicht sind.
Für den Rest des Tages empfiehlt sich noch ein Abstecher zur *Gartl-Hütte.* Der Weg dorthin, der durch die *Gartlschlucht* führt, ist kaum zu verfehlen. Vom nahen Laurins-

Hoch über dem Karerforst steigen die Nordwände des zerklüfteten Latemar in den Himmel.

Seite 28 *Großartig ist das Panorama von der dritthöchsten Erhebung in der Rosengartengruppe (Scalieretspitze, 2889 m) zur Riesenschaufel der Rosengartenspitze und zu den Vajolettürmen.*

paß zeigen die südlichen Vajolettürme ihre eindrucksvollste Seite. Sie tragen die Namen der Erstersteiger Winkler, Stabeler und Delago.

Der nächste Tag ist mit der Besteigung der Scalieretspitze und dem prächtigen Übergang zur Tierser-Alpl-Hütte voll ausgefüllt. Den 2601 Meter hohen *Grasleitenpaß*, auf dem die kleine, festverankerte Grasleitenpaß-Hütte steht, erreichen wir in einer knappen Stunde. Nun geht es unter den Felsabbrüchen des Kesselkogels südöstlich dem *Antermoiapaß* entgegen. Aus dem Paß weist ein rautenförmiges Markierzeichen zu einem Felsschartl, das als *Scalieretpaß* bezeichnet wird. Steigspuren leiten von dort unschwierig über den geröllbedeckten Nordgrat zur dritthöchsten Erhebung in der Rosengartengruppe hinauf. Wir müssen nochmals zum *Grasleitenpaß* zurück. Der Abstieg in den Grasleitenkessel und der Aufstieg zum 2601 Meter hohen *Molignondoppelpaß* kostet uns noch einige Mühe. Wer den eindrucksvollen Blick zum Grasleiten- und Valbonzug genießen möchte, der wird die *Nordöstliche Grasleitenspitze* über ihre schrofige Nordflanke in 15 Minuten besteigen. Die letzte Etappe des Weges vom Molignonpaß zur Tierser-Alpl-Hütte liegt noch vor uns. Müde und abgespannt gelangen wir dann endlich dort an.

Touristische Angaben

Talorte: *Welschnofen* (1182 m),bekanntes Dolomitendorf am Fuße des Rosengartens, 17,5 Kilometer von Bozen entfernt. *Vigo di Fassa* (1391 m), typisch ladinischer Ort im Fassatal, Entfernung vom Karerpaß etwa 10 Kilometer.

Unterkünfte: *Rotwand-Hütte* (2280 m), Società degli Alpinisti Tridentini. Bewirtschaftet vom 20. Juni bis 20. September, 15 Betten und 6 Lager, elektrisches Licht. Hüttenwirt: Rino Rizzi, Via Tita Piaz 11, Pera di Fassa; Hüttentelefon: 04 62-63350. Mit dem Rosengartenlift zur Paolina-Hütte und am Christomannos-Denkmal vorbei, 45 Minuten; von der Paolina-Hütte über den Hirzelweg zum Vaiolonpaß mit Überschreitung der Rotwand, 4 Stunden; von Vigo di Fassa durch das Vaiolontal, 3 Stunden. *Vajolet-Hütte* (2243 m), SAT. Bewirtschaftet vom 10. Juni bis 30. September, 100 Betten, incl. Lager. Von der Rotwand-Hütte über den Cigoladepaß (2561 m), 3½ Stunden. *Tierser-Alpl-Hütte* (2438 m), privat. Bewirtschaftet vom 15. Juni bis 5. Oktober, 26 Betten und 36 Lager. Von der Rotwand-Hütte über Grasleiten- und Molignonpaß, 2½ Stunden.

Übergänge und Bergtouren: Aufstieg zum *Gartl* (2700 m), 1 Stunde von der Vajolet-Hütte (2243 m); *Grasleitenpaß* (2601 m), *Antermoiapaß* (2769 m), *Scalieretspitze* (2889 m), 2½ Stunden; zum *Molignonpaß* (2601 m), 1½ Stunden und zur *Tierser-Alpl-Hütte*, 45 Minuten.

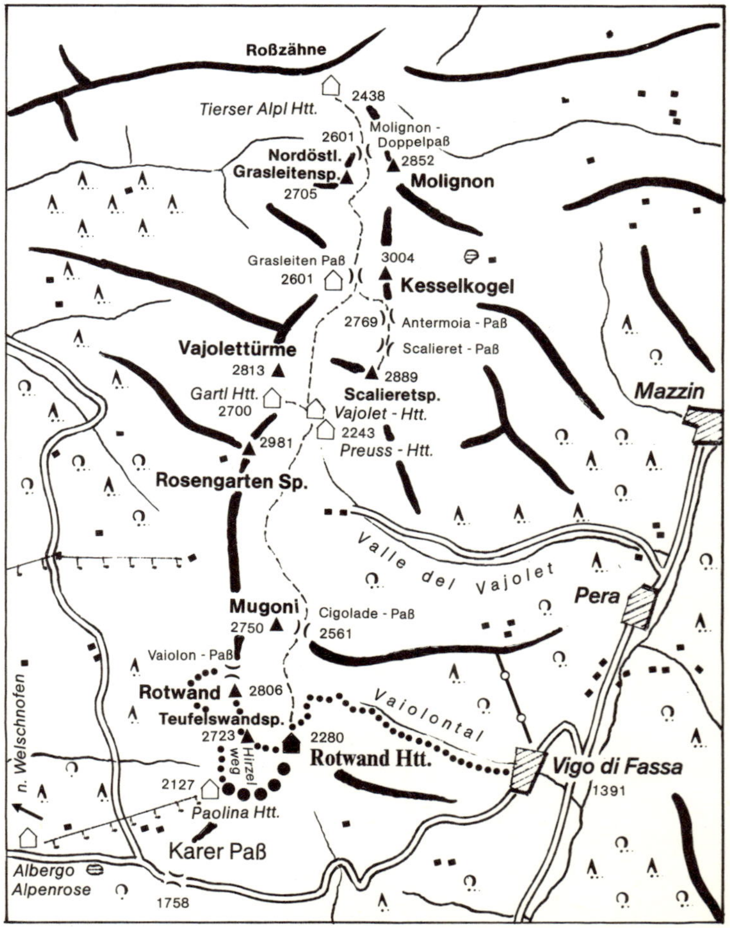

Die Regensburger Hütte auf der Cislesalpe, zu Füßen des Montischella.

Seite 29 Von der Broglesalm sind die Geislerspitzen am eindrucksvollsten. Von links: Furchetta, Sass Rigais und Fermedatürme.

Regensburger Hütte

Beliebte Einkehr auf der Cislesalpe, 2039 m

»Kunst üben kann nur der Erkorene,
Kunst lieben jeder Erdgeborene.«

Anastasius Grün

Für die kulturelle Entwicklung eines Landes ist die geographische Lage eine wichtige Voraussetzung. Sie hat auch in den Dolomiten dem Kunstleben wesentliche Richtlinien gegeben. Karge wirtschaftliche Verhältnisse veranlaßten Johann Demetz aus dem Grödner Tal schon 1703, mit dem Schnitzen von Bilderrahmen zu beginnen. Zahlreiche Landsleute eiferten ihm nach, und bald war es nur noch ein kleiner Schritt bis zur figuralen Schnitzerei. Weihnachtskrippen, Spielzeug, Heiligenfiguren und Kruzifixe wurden hergestellt. Die Brüder Martin und Dominikus Vinatzer erlernten in Venedig das Zeichnen und die Bildhauerei. Nicht lange danach wurden die vielfältigen, kunstvollen Schnitzereien der Bewohner des Grödner Tales weltbekannt. Einer der Künstler, Dominikus Mahlknecht (geboren 1793) brachte es bis zum Professor und zum Mitglied der Pariser Akademie. Im Laufe der Zeit verlor das Kunstschaffen im Grödner Tal an Bedeutung, doch stellt es auch heute noch einen wirtschaftlichen Faktor neben dem wichtigsten, dem Fremdenverkehr, dar.
Zu den eindrucksvollsten Felsgruppen in den Dolomiten zählen die Geislerspitzen, eine zusammenhängende Gipfelkette von Zinnen, Zacken und kühn geformten Felstürmen in Ostwestrichtung zwischen dem Villnößtal im Norden und dem Grödner Tal im Süden. Unvergeßlich bleibt der Anblick der schroffen »Felsorgel der Geisler« vom Adolf-Munkel-Weg aus, der auf der Nordseite der Gebirgsgruppe die Broglesalm mit der Franz-Schlüter-Hütte verbindet. Lieblicher erscheinen die Geislerspitzen von Süden her: aus den grünen Matten der Cislesalpe ragen von rechts nach links die Kanzeln, der Torkofel, die Furchetta, der Sass Rigais, der Sass Mesdi, die Odlen und die Große und Kleine Fermeda empor. Kletterer, die der extreme Fels reizt, finden hier sämtliche Schwierigkeitsgrade vor. Der Hauptgipfel der gesamten Gruppe ist, neben der angeblich gleich hohen Furchetta, der 3025 Meter hohe Sass Rigais. Er ist als renommierter Aussichtsberg, der von Süden auf dem Normalweg relativ leicht erstiegen werden kann, weithin bekannt. In geologischer Hinsicht zählen die Geislerspitzen zu den Gebieten mit Riffkalk-Fazies; über dem Mendeldolomit baut sich, durch die Buchensteiner Schichten getrennt, der Schlerndolomit auf. Diese Gesteinsart dominiert in den westlichen Dolomiten. Das Fehlen der Raibler Schichten hatte zur Folge, daß durch Erosionseinwirkung formenreiche Felsmassive, wie die Geislerspitzen, entstanden sind.
Im Jahre 1888 begann die Sektion Regensburg des Deutsch-Österreichischen Alpenvereins an der Südseite der Geislergruppe mit dem Bau einer Schutzhütte. Die landschaftlich herrliche Umgebung auf der Cislesalpe und die zahlreichen Tourenmöglichkeiten, die sich im Bereiche der Geisler- und Puezgruppe bieten, ließen den Andrang so groß werden, daß die Hütte in den Jahren 1895 und 1905 erweitert werden mußte. Die Regensburger Hütte ist auch unter dem Namen »Geisler-Hütte« bekannt. Nach der Übernahme durch den Club Alpino Italiano, Sektion Florenz, erhielt sie die im deutschsprachigen Raum weniger geläufige Bezeichnung »Rifugio Firenze in Cisles«. Die Hütte wird heute von den Geschwistern Perathoner aus dem Grödner Tal vorzüglich bewirtschaftet.

Wir wählen den Hüttenweg, der in *St. Christina* bei der Talstation des »Col-Raiser«-Sesselliftes beginnt. Ein bequemer Fußweg entlang des *Cislesbaches* führt in eineinhalb Stunden zu der auf einem zirbenbewachsenen Hügel stehenden Hütte. Den kürzesten Zugang ermöglicht der Col-Raiser-Lift selbst, der eine Stunde Aufstieg erspart.
Der *Sass Rigais*, Hausberg der Regensburger Hütte und massereichster Felsstock in der Geislergruppe, wird südwestlich von der Mittagsscharte und östlich vom engen Wasserrinnental begrenzt. Der Wegweiser mit der Markierung 13 führt uns anfangs über die *Cislesalpe* aufwärts, bis rote Farbpunkte den Anstieg zur Mittagsscharte kennzeichnen. Im *Val Mesdi* wenden wir uns in etwa 2500 Meter Höhe scharf rechts einem ausgeprägten Felseinschnitt zu, an dem rote Farbkleckse den Einstieg markieren. Fixe Drahtseile erleich-

Besonders eindrucksvoll zeigt sich die Geislergruppe mit dem Peitlerkofel und den Zentralalpen am Horizont vom Flugzeug aus.

tern das Überwinden der ersten heiklen Passagen. Nachdem wir über griffreiches Gestein die Südseite des Berges erreicht haben, leiten zahlreiche Serpentinen zu den stark gegliederten Felsen unterhalb des Südostgrates. Der weitere Aufstieg ist durch Drahtseile und Markierungszeichen genau vorgezeichnet. Am kreuzgeschmückten Gipfel erblikken wir bei guter Sicht die bedeutendsten Berge der gesamten Dolomiten. Der Abstieg über den mit Drahtseilen entschärften Ostgrat in das *Wasserrinnental* ist etwas schwerer als die Normalführe. Vom Tal aus ist die südlich liegende Regensburger Hütte nicht mehr weit entfernt.

An den Hinweistafeln nahe der Hütte orientieren wir uns über die lohnendsten Gipfelziele. Als nächsten Gipfel haben wir den *Col de la Pieres* (2759 m) ausgesucht. Der Weg dorthin ist mit der Markierung 2/3 versehen. Er führt in nordöstlicher Richtung über die wellige Cislesalpe zu einem ausgedehnten, vermurten Bachbett, in dem Farbzeichen östlich ins Tälchen »Forces de Sielles« leiten. Hier verläuft die weitere Route in großartiger Felsumrahmung. An einer Wegtafel in 2300 Meter Höhe zweigt der Steig zur Puez-Hütte südöstlich ab und windet sich, steiler werdend, zur *Forcella Forces de Sielles* empor. Rechter Hand ragt der steile Fels des Col de la Pieres auf. Rote Markierzeichen lotsen uns über einen felsigen, höckerigen Grat (Drahtseil) nach oben zur geröllbedeckten Abdachung des Berges. Mehrere Serpentinen führen hinauf zur höchsten Stelle, die durch einen großen Steinmann gekennzeichnet ist. Das unerwartet großartige Panorama versetzt uns in Staunen. Aus der Nähe grüßen die grotesken Formen der Geislerspitzen, im Südwesten der Schlern, der Rosengarten und die Palagruppe, ganz weit im Westen die Gipfelketten der Adamello-, Presanella- und Ortlergruppe, im Süden der Langkofel und die Sellagruppe, im Südosten die Civetta, der Pelmo und der Antelao, im Osten die Tofanen, die Kreuzkofelgruppe, die Hohe Gaisl und die Sextener Dolomiten und im Norden der Alpenhauptkamm. Beim Abstieg wenden wir uns nach Süden, steigen über steile, versicherte Felsstufen zum begrünten Gipfeldach des *Montischella* und auf genau vorgezeichnetem Pfad zur *Pizzascharte* (2491 m). Hier sehen wir 400 Meter tiefer unseren Ausgangspunkt, die Regensburger Hütte, liegen. Nach Norden führt der Pfad an der kühn geformten Pizzanadel vorbei, in Krummholz und lichtem Wald abwärts zum *Cislesbach* und mit kurzem Gegenanstieg zur Hütte.

Touristische Angaben

Talort: *St. Christina* (1427 m) im Grödner Tal.

Unterkunft: *Regensburger Hütte* (2039 m), Club Alpino Italiano; Sektion Florenz. Bewirtschaftet vom 15. Mai bis 15. Oktober, 44 Betten und 46 Lager, elektrisches Licht. Hüttenwirt: Geschwister Perathoner, Haus Resi 122, Wolkenstein, Hüttentelefon: 0471-76307. Von St. Christina zu Fuß 1½ Stunden oder mit dem Lift 20 Minuten.

Bergtouren: *Sass Rigais* (3025 m), 3½ Stunden, Abstieg über den Ostgrat, 3 Stunden; *Col de la Pieres* (2759 m), 2½ Stunden, Abstieg über die Pizzascharte, 2 Stunden.

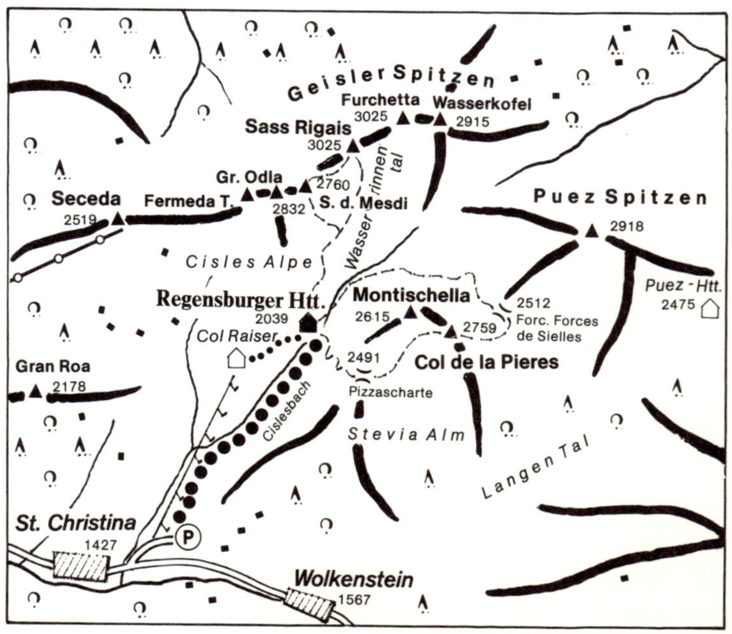

Über den bekannten Fremdenverkehrsorten von Corvara und Colfuschg dominiert mit steilen Wänden das Wahrzeichen ladinischer Lande, der Sass Songher.

Puez-Hütte

Im ladinischen Lande, 2475 m

Die Verbindung zwischen Sella- und Geislergruppe stellte die Sektion Ladinia des Deutsch-Österreichischen Alpenvereins schon im Jahr 1889 mit der Erbauung der Puez-Hütte her. Der Stützpunkt ist für heutige Verhältnisse viel zu klein (nur 16 Übernachtungsmöglichkeiten), und so begann die Sektion Bozen im Jahr 1980 mit dem Bau eines größeren und moderneren Unterkunftshauses unmittelbar neben der alten Hütte. Die Hütte liegt im Herzen der Puezgruppe auf der Puezalpe südlich des Puezjoches mit prachtvoller Fernsicht auf Sella-, Langkofel- und Rosengartengruppe. Der Ausblick über die verkarstete Hochfläche der Gardenaccia steht in krassem Gegensatz zu den uns vertrauten Dolomitenlandschaften. Wie ein überdimensionaler Ameisenhaufen ragt der Col de la Soné aus dieser Karrenöde. Nahe der Hütte erinnern die »Drei Köpfe von Puez« an sphinxähnliche Gebilde. Puezkofel, Östliche Puezspitze, Piz Duleda und Sass Songher sind unsere Gipfelziele. Für deutschsprachige Bergwanderer sind die schwer auszusprechenden ladinischen Eigennamen Zungenbrecher. In der Schreibweise ergeben sich Unstimmigkeiten, und von daher lassen sich die unterschiedlichen Bezeichnungen in der alpinen Literatur erklären. Die alten ladinischen Namen »Col de la Soné«, »Kedùl«, »Súngher« und »Col da Oy« sind zu schön, als daß sie in Vergessenheit geraten dürften. Niemand kann sagen, was diese Namen bedeuten; sie sind uralt.
Neben den zahlreichen, einsamen Touren, die sich auf Puez dem Bergwanderer bieten, weckt die Struktur des Gebietes bei Geologen und Mineralogen größtes Interesse. Die Puezgruppe, die zwischen dem Abteital im Osten, dem Grödner Tal im Süden, dem Cislestal im Westen und dem Campilltal im Norden liegt, läßt sich in ihren wesentlichen Eigenschaften mit der nahen Sellagruppe vergleichen. Auch hier ragen aus den Hochflächen von Crespeina und Gardenaccia und an ihren Rändern Gipfel empor. Aus gleichmäßig geschichtetem Hauptdolomit besteht die Gipfelpyramide des Piz Boè und zum größten Teil auch die Puezhochfläche mit ihren Erhebungen. Mit dieser Gesteinsart, die in der Puezgruppe eine durchschnittliche Dicke von 100 bis 200 Metern erreicht, hört in den Westlichen Dolomiten die Schichtenfolge auf. Nur der Piz Boè und die Puezspitzen zeigen noch Jura- und Kreideschichten in der Form von dünnschichtigen, hellen, grüngrauen und roten hornsteinführenden Mergelkalken. Durch ihren Fossilienreichtum sind diese Schichten für Sammler von Versteinerungen besonders interessant. An den Puezspitzen wurde zum erstenmal eine »Gipfelüberschiebung« festgestellt, das heißt, die vielfarbigen Kalkschichten, die die sehr ausgeprägten Schichten des Neokom bilden, liegen unter einer Kappe älteren Hauptdolomits. Die komplizierte tektonische Verschiebung erfolgte während der alpinen Faltungsperiode durch einen von Nordosten ausgehenden Stoß. Auch beim Col de la Soné, Montigela und Puezkofel bauen sich die Gipfel, überdeckt von Hauptdolomit, aus einem Mergelkegel der früheren Kreidezeit auf.

Der Hüttenweg, beschrieben in »Die schönsten Höhenwege der Dolomiten«, führt vom Grödner Joch über das Cirjoch, Crespeinajoch, Ciampaijoch und über die Gardenacciahochfläche in drei Stunden zur Puez-Hütte.
Eine Zugangsvariante ergibt sich vom bezaubernden Fremdenverkehrsort *Wolkenstein* aus. Am Beginn des *Langentales* wenden wir uns dem breiten Saumweg zu, der über den ebenen, von Fichten und Lärchen bestandenen Boden, begrenzt von den gelbroten Felswänden des Steviastockes und Monte de Soura ins Talinnere zum Weidegrund »Pra da Ri« zieht. Von hier leitet der mit Farbzeichen versehene Weg 14 zum Ende des Tales, umgeht eine Steilstufe an der Mündung des Val Culea im Linksbogen, führt unterhalb der Felswände entlang, die von der Gardenacciahochfläche jäh abbrechen, und zuletzt nördlich in leichten Felsen empor zur Schutzhütte.
Im Süden der Puezgruppe erhebt sich der *Sass Songher*, eine turmähnliche Felsgestalt, die gegen den Talkessel von Colfuschg und Corvara vorspringt. Schon früh wurde er von Jägern erstiegen. Von unserem Stützpunkt gehen wir der Markierung 2/4 südöstlich nach. Bei der Wegteilung zur Gardenaccia-Hütte folgen wir der Markierung 5 über die verkarstete Hochfläche und gelangen zu einer Scharte, in

Ein moderner Hüttenbau übernimmt im Jahre 1981 die Funktion der abgebildeten kleinen Puez-Hütte.

Seite 38 *Auf dem Übergang zur Franz-Schlüter-Hütte ist die Besteigung des Piz Duleda möglich.*

der wir steil abwärts auf den Steig treffen, der von Stern heraufführt. Er bringt uns zur *Sass-Songher-Scharte.* Über Gesteinsschutt – eine Stelle ist mit Drahtseil gesichert – erreichen wir dann zuletzt über die Gipfelabdachung den höchsten Punkt.

Der *Puezkofel* ist das nächste Ziel. Wir finden auf dem Weg zum Gipfel braune Jaspisknollen, die mit ihrer grünen Seladonitrinde in den tonigen Neokomkalken stecken, sowie zahlreiche versteinerte Ammonite und Seeigel. Der Aufstieg zum Puezkofel ist von der Hütte leicht einzusehen. Nordwestlich geht es über den Grashang zu einer Scharte und auf beliebiger Route zum höchsten Punkt. In einer Stunde ist der Gipfel erreicht. Amateurgeologen werden sicherlich einige Stunden verweilen, um die tektonischen Vorgänge während der Gebirgsbildung zu studieren. Auch die *Östliche Puezspitze* ist für uns attraktiv. Vom Stützpunkt sind die rotweißroten Markierungen und die »Drei Köpfe von Puez« unsere Orientierungshilfen. Der weitere Aufstieg über einen Grashang zu den westseitigen Schutthalden des Puezkofels ist leicht zu finden. Eine kleine Scharte folgt. Dann erklimmen wir über den grasbesetzten Osthang der Östlichen Puezspitze und den oberen gerölligen Teil die höchste Stelle.

Die Besteigung des *Piz Duleda* ist der Abschluß unserer Tourenwoche. Er ist mit dem Übergang zur Schlüter-Hütte über die *Roascharte* leicht zu verbinden. Die Dolomiten-Höhenroute ⚠2 weist dorthin. Der bequeme Steig führt uns erst westwärts zu den Wiesenböden der *Puezalpe.* Mit 2 A ist die Route zur *Roascharte* markiert, der wir bis zur *Niveascharte* folgen. Aus ihr ersteigen wir nördlich, ziemlich steil über das lockere Gestein und den abgeschrägten Gipfelaufbau, den 2908 Meter hohen Piz Duleda. Besonders beeindrukkend zeigt sich im Nordwesten die wild zerklüftete Geislergruppe.

Touristische Angaben

Talort: *Wolkenstein* (1567 m), im Grödner Tal, 6 Kilometer vom Grödner Joch entfernt.

Unterkünfte: *Puez-Hütte* (2475 m), Club Alpino Italiano; Sektion Bozen. Bewirtschaftet vom 20. Juni bis 30. September, 72 Betten, elektrisches Licht. Hüttenwirt: Peter Costa, Pension Camoscio, Stern; Hüttentelefon: 0471-75365. Leichte Hüttenanstiege vom Grödner Joch, 3 Stunden, von Wolkenstein durch das Langental, 2½ Stunden. *Franz-Schlüter-Hütte* (2301 m), Club Alpino Italiano; Sektion Brixen. Bewirtschaftet vom 20. Juni bis 1. Oktober, 43 Betten und 26 Lager. Von der Puez-Hütte auf dem Dolomiten Höhenweg ⚠2 über die Roascharte, 4 Stunden.

Bergtouren: *Sass Songher* (2665 m), 2 Stunden, Trittsicherheit erforderlich; *Puezkofel* (2723 m), 1 Stunde, leichte Wanderung; *Östliche Puezspitze* (2918 m), 1½ Stunden; *Piz Duleda* (2908 m), 2 Stunden, für absolut trittsichere Wanderer.

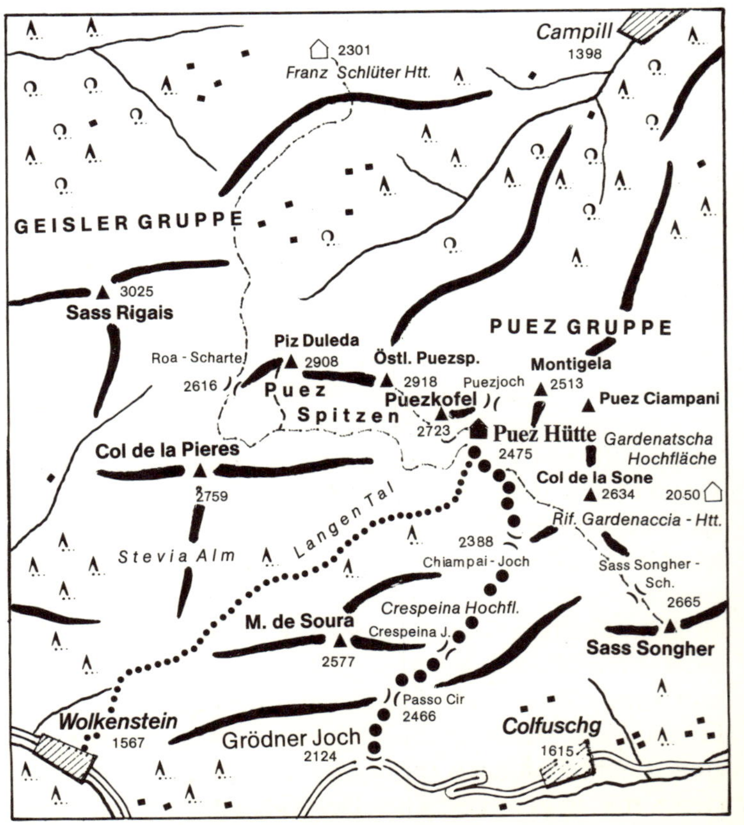

RIFUGIO
PUEZ

An der Nordseite der Sella, zu Füßen der Cima Pisciadù, lädt die gleichnamige, heimelige Schutzhütte zu abwechslungsreichen Bergfahrten ein.

Seite 39 Großartige landschaftliche Erlebnisse vermittelt der Hüttenzugang über die Hochfläche des Sellastockes. Dieses Bild, aufgenommen vom Zwischenkofel, zeigt links den Sass de Mesdi mit Dent de Mesdi und daneben, über dem Wolkenmeer den Sass Songher.

Rifugio Pisciadù

Raststation an der Sella-Nordseite, 2585 m

Das kleine Hüttchen an der Nordseite der Sella mit 8 Schlafplätzen diente im Jahr 1903 den Erschließern des Gebietes als ideale Unterkunft. Nur der rührigen Sektion Bamberg des Deutsch-Österreichischen Alpenvereins ist es zu verdanken, daß neben der im Jahre 1894 erbauten Bamberger Hütte in der Sellagruppe auch noch die Pisciadùsee-Hütte geschaffen wurde. Der kleine Pisciadùsee und der imposante Felszirkus geben dieser Hütte, die auch unter dem Namen »Rifugio Pissadu« bekannt ist, eine besondere Note. Die Benennung »Rifugio Franco Cavazza al Pissadu« durch die Sektion Bologna des Club Alpino Italiano konnte im deutschsprachigen Raum keinen Anklang finden.

Einige großartig angelegte Wege zum Rifugio Pisciadù möchten wir Ihnen vorstellen. Das *Grödner Joch* ist der erste Ausgangspunkt. Von der Paßhöhe wenden wir uns dem markierten Weg 666 zu, der hinüber zum wuchtigen Aufbau des Sellastockes weist. In leichtem Gefälle zieht er am Fuße der steil aufragenden Wandfluchten des Sass de la Luesa entlang und biegt etwas später an der Mündung des *Val Setus* nach rechts ab. Hier steigen wir in Serpentinen aufwärts. Weiter oben, an den Begrenzungsfelsen des Tales, ermöglichen fixe Drahtseile den Aufstieg zum breiten Terrassenband, das fast die ganze Sellagruppe umspannt. Von hier bis zur schmucken Pisciadù-Hütte sind es nur noch Minuten.

Für den mit Fels vertrauten Bergwanderer bietet sich die äußerst lohnende Pisciadù-Steiganlage an, die »Via ferrata Brigata Tridentina«. Ebenfalls vom *Grödner Joch* aus folgen wir dem Weg 666 zur Eingangspforte des Val Setus. Statt in dieses Hochtal einzusteigen, setzen wir östlich den Weg unter den Felsen der Sella zum *Pisciadùwasserfall* fort. Dort nimmt rechter Hand der gesicherte Steig seinen Anfang. Drahtseile und Eisenstifte führen über eine Wandstufe hinauf in eine Schotterschlucht, von der die Schutzhütte leichter erreicht werden kann als auf der interessanten Trasse, der wir nun folgen. Gut versichert und über eine senkrechte Eisenleiter wird der *Exnerturm* erreicht. Nun muß auch noch eine tiefe Felskluft überwunden werden; die kühne Konstruktion einer Hängebrücke hilft uns dabei. In luftiger Höhe gelangen wir zur *Hochfläche von Pisciadù* und in mäßiger Steigung zur schon sichtbaren Hütte.

Das *Sellajoch,* der zweithöchste Dolomitenpaß, ist der Ausgangspunkt für den *Pößnecker Steig.* Nur absolut Schwindelfreie und Trittsichere sollten sich auf diese älteste Steiganlage der Dolomiten wagen. Im Jahre 1907 haben die Bozener Bergsteiger Paul Mayr und Georg Haupt in der abweisenden Felsenmauer eine Führe entdeckt, die den westlichen Zugang zur Hochfläche der Sella ermöglichte. Das wiederum hat die Sektion Pößneck des Deutsch-Österreichischen Alpenvereins ein paar Jahre später veranlaßt, annähernd diese Route der Erstbegeher mit Drahtseilen, Klammern und Leitern bis zum Piz Selva (2941 m) zu entschärfen. Aus dem Paß folgen wir dem Weg 649. Nach den drei Sellatürmen kündigt eine Tafel den Beginn des Klettersteiges an. In der teilweise stark ausgesetzten Wand steigen wir auf genau vorgezeichneter Route zu einem Schottersattel hinauf. Anschließend bringt uns der bezeichnete Steig in die Einsenkung zwischen dem Piz Ciavazes und dem Piz Selva. Hier gönnen wir uns eine Ruhepause. Anschließend zieht der Weg in weniger ausgesetztem Gelände nur noch über eine kurze Kletterstelle zum Gipfelplateau des *Piz Selva.* Am Rande der geschlossenen Karrenhochfläche setzen wir unsere Wanderung nach Norden über sieben flachdachige Gipfel bis zur *Gamsscharte* fort. Von hier streben wir der *Pisciadùscharte* zu und in direktem Abstieg über den Geröllhang des *Vallon del Pisciadù* der Schutz bietenden Hütte entgegen.

Vom *Pordoijoch,* dem höchsten aller Dolomitenpässe, natürliche Grenze zwischen den Provinzen Trient und Belluno, beginnt der bekannteste und beliebteste Hüttenzugang. Wenn wir vom Paß aus die Seilbahn in Anspruch nehmen, die in fünf Minuten zur Pordoispitze führt, ersparen wir uns den mühevollen Aufstieg in die Pordoischarte. So lassen sich mit einer guten Kondition beim Übergang zur Pisciadù-Hütte der Piz Boè (3152 m) und die Cima del Pisciadù (2985 m) besteigen. Mit 3152 Meter Seehöhe markiert der Piz Boè den höchsten Punkt der Sellagruppe; Paul Grohmann

Sonnenaufgang am Piz Boè – wie aus Zeiten der Erschaffung der Erde, ein wahrhaft archaisches Landschaftsbild.

erstieg ihn 1864 als erster. Aus der *Pordoischarte,* die von der Pordoispitze in etwa 20 Minuten erreicht wird, bleiben wir anfangs auf dem markierten Weg 627. Er führt uns über das weitgezogene, öde Hochplateau der Sella hinweg, bis der Blick auf die symmetrische Pyramide des Piz Boè frei wird. An der ersten Wegteilung halten wir uns rechts, folgen den Farbpunkten, die zum Südwestgrat leiten und erklimmen die höchste Erhebung in der Sellagruppe. Von der Capanna Fassa, die auf dem Gipfel steht, bietet sich eine Aussicht, die mit Recht zu den schönsten in den Dolomiten zählt. Ungehindert schweift der Blick in alle vier Himmelsrichtungen: Ganz nahe im Süden die eisgepanzerte Marmolada, dahinter die Berge der Pala, im Westen die Adamello-, Presanella- und Ortlergruppe, im Norden die Geislerspitzen, die Berge von Puez, am Horizont die Zentralalpen und im Osten die Ampezzaner Dolomiten. Vor allem beeindruckt die gewaltige, an eine Mondlandschaft erinnernde Hochfläche des Sellastockes, der einem zyklopischen Würfel gleicht. An seinen Rändern brechen die Wände jäh ab, nur auf der Seite des Sellajochs enden die Felswände auf grünen, lieblichen Almmatten. Tiefe Schluchten haben sich durch die Erosionseinwirkung von Jahrmillionen in das gewaltige Massiv hineingefressen und freistehende Türme »herausgewittert«, angefangen von den Türmen des Sellajochs, dem Piz Ciavazes, den Murfreittürmen bis zu den verborgenen, senkrecht aufragenden Felsnadeln des Val de Mesdì – Kletterziele, die immer wieder begeistern.
Nach diesem stolzen Gipfelsieg steigen wir nordwestlich zur *Boè-Hütte,* der früheren Bamberger Hütte, ab. Nunmehr übernimmt Markierung 666 in nördlicher Richtung die weitere Führung. Eine Hinweistafel verkündet im *Titatal* den Aufstieg zur *Cima del Pisciadù.* Deutliche Begehungsspuren und schwache Farbzeichen sind unsere Wegweiser. Zwei Stunden sind seit dem Abstieg vom Piz Boè vergangen, und der zweite Gipfel an diesem Tag ist erreicht. Noch steht uns die kurze Wegstrecke zur Pisciadù-Hütte bevor. Versicherte Felsstufen erleichtern das Abwärtskommen aus dem Titatal in den Schuttkessel von Pisciadù. Bald darauf nimmt uns die Hütte in der Nähe des kleinen Pisciadùsees in Empfang.

Touristische Angaben

Talorte: *Colfuschg* (1615 m), beliebter Sommerort und Wintersportplatz. *Canazei* (1468 m), bekannter Fremdenverkehrsort im Fassatal. *Wolkenstein* (1567 m), historischer Ort.
Unterkünfte: *Rifugio Pisciadù* (2585 m), Club Alpino Italiano; Sektion Bologna. Bewirtschaftet vom 1. Juli bis 25. September, 35 Betten, elektrisches Licht. Hüttenwirt: Germano Kostner, Colfuschg Nr. 49. Telefon: 0471-83272. Vom Grödner Joch ist die Hütte durch das Val Setus in 1½ Stunden, über den Pisciadù-Klettersteig in 2½ Stunden und vom Sellajoch über den Pößnecker Steig – nur für absolut sichere Bergsteiger – in 5 bis 6 Stunden zu erreichen. Vom Pordoijoch mit der Seilbahn zur Pordoispitze (2952 m), zum Piz Boè (3152 m) in 1½ Stunden. Abstieg zur Boè-Hütte und Aufstieg zur Cima Pisciadù (2985 m), 2 Stunden, weiter zur Pisciadù-Hütte, 1 Stunde. *Rifugio Boè* (2873 m), Club Alpino Italiano; Sektion Trento. Bewirtschaftet vom 1. Juli bis 20. September, 30 Betten und 20 Lager. Vom Rifugio Pisciadù 2 Stunden entfernt.

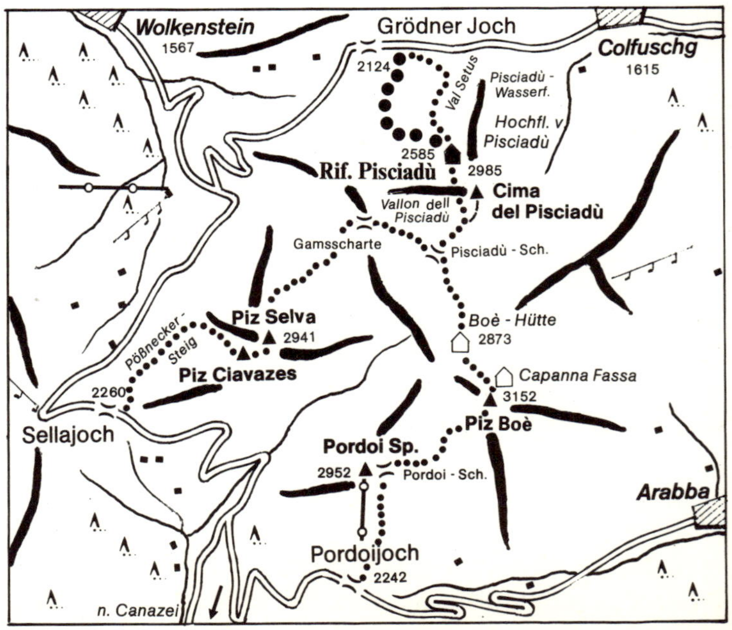

Einer der aussichtsreichsten Höhenwege, der Bindelweg, zieht vom Pordoijoch zum Rifugio Marmolada. Die Riesenpyramide des Piz Boè wurde beim Aufstieg zum Sasso del Cappello aufgenommmen.

Rifugio Marmolada

Hütte für »Marmolada-Aspiranten«, 2044 m

»Wenn, Marmolada, dich mit Rosen kränzt der Sonne Strahl, dann preisen laut als Königin dich jauchzend Berg und Tal!« So übersetzte Professor Anton Müller das alte fassanische Lied in die deutsche Sprache.

»Königin der Dolomiten«, »höchster Berg der Dolomiten« und »schönster Skiberg« sind Prädikate, die die Marmolada verdient. Wieder war es Paul Grohmann, der im Jahre 1864 mit den Ampezzaner Führern Angelo und Fulgentio Dimai den höchsten Punkt der Dolomiten, die Punta di Penia, betrat.

Die Marmolada verdankt ihre großartige Schönheit der unterschiedlichen Widerstandsfähigkeit der Gesteine gegenüber äußeren Einflüssen aufgrund unterschiedlicher chemischer Zusammensetzung, Höhe, Ausrichtung und Schichtenneigung. Das kompakte Kalkgestein, aufgebaut zu mächtigen Wänden, wechselt mit brüchigem Mergelkalk und mit kräftigem Hauptdolomit ab. In diesem Dolomitengebiet überragt die Marmolada mit dem größten Gletscher der Venetischen Alpen alle umliegenden Berge, die sich bis in rund 3000 Meter Höhe erheben.

Der Deutsch-Österreichische Alpenverein trug wesentlich zur Erschließung der Dolomiten bei. Die Sektion Bamberg – ihr Gründungsjahr ist 1878 – hatte den Verlust ihrer Hütte, die sie im Jahre 1905 erbaut und »Bamberger Haus« getauft hatte, im Ersten Weltkrieg zu beklagen. Bereits damals besaß das Bamberger Haus Hotelcharakter. Heute steht an gleicher Stelle am Westufer des Fedaiasees das Rifugio »Ettore Castiglioni alla Marmolada« des Club Alpino Italiano. Der See entstand in den fünfziger Jahren bei der Errichtung eines Staubeckens auf dem Fedaiapaß, das etwa 4 Kilometer lang und 200 Meter breit ist. Der Fund einer römischen Waage beweist, daß der Paß schon in römischer Zeit begangen wurde.

Im Ersten Weltkrieg fanden hier schwere Kämpfe statt – die Österreicher legten im Inneren des Gletschers ein weit verzweigtes Stollensystem an –, und am 13. Dezember 1916, um 6 Uhr morgens, ereignete sich hier die größte Lawinenkatastrophe der alpinen Geschichte. Nach einem Föhneinbruch lösten sich 1 000 000 Kubikmeter Schnee unter dem Gipfelaufbau der Punta di Penia und verschütteten das österreichische Lager am Gran Poz. Fast 300 Tote waren zu beklagen, doch ist die genaue Zahl bis heute nicht ermittelt.

Karl Felix Wolff erzählt eine Sage aus diesem Gebiet:

»Wer nachts durch das öde Ombretatal geht, unter den riesigen Wänden des Marmolèdagebirges, der hört manchmal im Nebel das leise Klagelied der Conturìna.« Von dem Lied sind nur wenige Zeilen erhalten geblieben:

»Ich bin aus Stein und rühre mich nicht,
ich bin aus Felsen an der Marmolèda,
ich bin ein verlassenes Mädchen
und ich weiß nicht warum!«

Conturìna wurde von ihrer Stiefmutter in die furchtbaren Abstürze der Marmolada-Südwand verbannt und eingemauert.

Nach dem Staudammbau am Fedaiapaß erschließen die Straße von Caprile im Cordevoletal und die Zufahrt von Canazei im Fassatal das Rifugio Marmolada. Der steile Fußweg 605, der am sagenumwobenen Pian Trevisan beginnt, wird heute kaum mehr begangen.

Eine wesentlich abwechslungsreichere Zugangsvariante ist der *Bindelweg.* Er nimmt seinen Anfang auf der Höhe des Pordoijoches. Diese großartige Weganlage wurde am 3. August 1903 feierlich eröffnet und nach dem verdienstvollen Vorstand der Sektion Bamberg des Deutsch-Österreichischen Alpenvereins, Dr. Karl Bindel, benannt. Markierung 601 führt uns aus der Paßhöhe in südlicher Richtung hinauf zur Bergstation des Sesselliftes »Belvedere«. Hier wandern wir in östlicher Richtung an den grasigen Südhängen der Padonkette hinüber zur herrlich gelegenen Bindelweg-Hütte. Eine Fülle seltener Alpenpflanzen säumt den Weg; botanisch interessierte Bergfreunde kommen voll auf ihre Kosten. Nahe der Hütte, in einer Scharte zwischen den östlichen Ausläufern des Col del Cuc und dem Sasso del Cappello, machen uns rote Farbpunkte neugierig; ob sie wohl auf den Gipfel des hutähnlichen Berges führen? Wir folgen ihnen. In einer kurzen Rinne geht es nach oben. Hinter der Rinne bringen uns ausgeprägte Begehungsspuren fast eben

Das Rifugio Contrin erreicht man bei der Marmolada-Überschreitung in 7 Stunden vom Rifugio Marmolada.

Seite 48 Prachtblick vom Bindelweg zur Marmolada, der »Königin der Dolomiten« (rechts im Bild der Große Vernel). Nur Hochalpinisten mit Gletschererfahrung sollten sich an die Besteigung wagen.

auf dem dunklen Eruptivgestein zum geräumigen Gipfel, dessen höchste Stelle eine Steindaube mit schlichtem Holzkreuz markiert. Nach ausgiebigen Studien der Sellagruppe und des Marmoladazuges, der zum Greifen nahe in wilden Steilstürzen zur Tiefe bricht, setzen wir unsere Wanderung auf dem Bindelweg fort. Unterhalb des Belvedere senkt sich schließlich der Weg hinab zum Fedaiasee und zum Rifugio Marmolada.

Die Krönung unseres Tourenprogramms ist die Besteigung der *Punta di Penia,* Hauptgipfel der Marmolada. Mit Pickel, Seil und Steigeisen ausgerüstet, machen wir uns im ersten Morgengrauen auf den Weg. Rechts der Talstation des Sesselliftes führt ein schmaler Weg im steilen Moränengelände aufwärts zum Beginn der Gletscherregion. Oberhalb der Bergstation am Pian dei Fiacconi in Nähe der *Capanna Chiacciaio* legen wir die Steigeisen an. Es ist ruhig hier, der Skizirkus auf der Marmolada hat noch nicht begonnen. Meist ist der südwestliche Aufstieg über den Gletscher durch alte Spuren genau vorgezeichnet. Spalten und die Randkluft am felsigen Nordgrat des Peniagipfels verlangen eine gewisse Vorsicht. Nach leichter Felskletterei über den Grat zum Gipfelfirnrücken erreichen wir das eiserne Gipfelkreuz und die kleine hölzerne Hütte der Punta di Penia in 3342 Meter Höhe. Nach einer halben Stunde Rast nehmen wir von dem eisernen Gipfelkreuz Abschied. Wir wenden uns jetzt dem Westgrat zu, der den Übergang zum *Rifugio Contrin* vermittelt. Der Westgrat wurde zum erstenmal am 21. Juli 1898 von Dittmann und Seyffert mit dem Führer Rizzi begangen. Fünf Jahre später wurde diese schwierige Führe von der Sektion Nürnberg bis zur Marmoladascharte durch Drahtseile, künstliche Tritte und Steighilfen gut gangbar gemacht. Frost und Blitzschlag beschädigen oft die Versicherungen; deshalb ist erhöhte Achtsamkeit geboten. Sobald wir in der *Marmoladascharte* zwischen dem Kleinen Vernel und der Punta di Penia angelangt sind, liegen die größten Schwierigkeiten hinter uns. Eine Eisenleiter, eine gut begehbare Rinne und der steile Abstieg sind geschafft. An der Wegteilung führt uns nun Markierung 606 südwestwärts zum nahen Rifugio Contrin.

Touristische Angaben

Talorte: *Caprile* (1023 m), kleiner Ort im Cordevoletal an der Einmündung des Fiorentinatals und des Pettorinatals gelegen. *Canazei* (1468 m), Fremdenverkehrsort im Fassatal.

Unterkünfte: *Rifugio Marmolada* (2044 m), Club Alpino Italiano; Sektion Centrale. Ganzjährig bewirtschaftet, 50 Betten und 50 Lager, elektrisches Licht. Hüttenwirt: Willi Platter, Fedaia. Hüttentelefon: 0462-61117. Unschwieriger Hüttenweg vom Pordoijoch auf dem Bindelweg, 3 Stunden; vom Pian Trevisan im innersten Winkel des Avisiotales, 7 Kilometer von Canazei entfernt, 1 Stunde. *Rifugio Contrin* (2016 m), ANA; Sektion Milano. Bewirtschaftet vom 20. Juni bis 25. September, 35 Betten und 40 Lager. Leichter Hüttenweg von Alba im Avisiotal, 1½ Stunden.

Bergtouren: *Marmolada,* Punta di Penia (3342 m), nur für Hochalpinisten mit Gletschererfahrung, 4 Stunden, der Übergang auf dem Westgrat zum Rifugio Contrin erfordert nochmals 3 Stunden; *Sasso Cappello* (2559 m), leichter Aufstieg von der Bindelweg-Hütte, 30 Minuten.

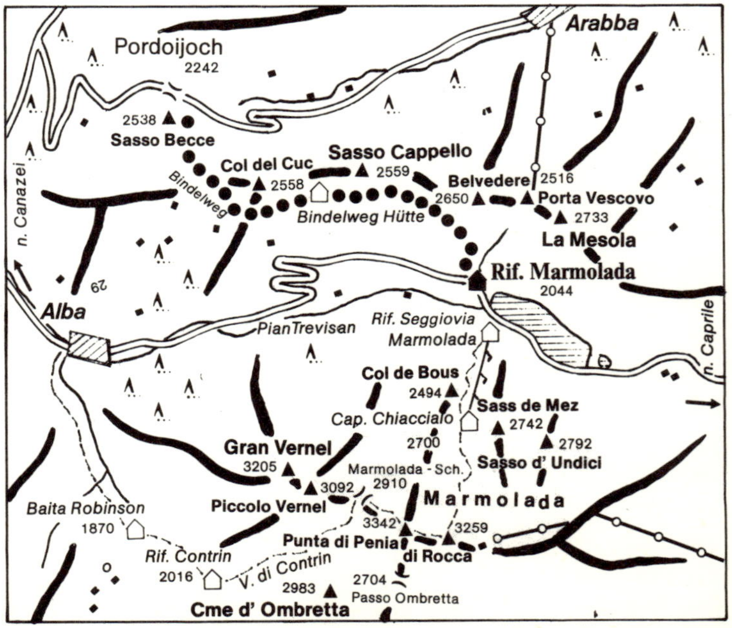

RIFUGIO
CONTRIN
casa
ALPINI

Die beherrschenden Gipfelgestalten des Palanordzuges vom Monte Mulaz, links, bis zum Cimone della Pala, rechts, zeigen sich von Westen besonders imposant.

Seite 49 Das Rifugio Rosetta. Da sie mit der Rosettaseilbahn leicht zu erreichen ist, ist die Schutzhütte auch an Schlechtwettertagen gut besucht.

Rifugio Rosetta

Hochburg für passionierte Wanderer, 2578 m

Zu den bekanntesten Sommer- und Wintersportzentren in den Dolomiten zählt San Martino di Castrozza, das noch gegen Ende des vergangenen Jahrhunderts ein verträumtes Bergsteigerdorf war. Heute führen äußerst reizvolle Zufahrtsstraßen nach *San Martino* von Norden über den *Rollepaß* und von Süden durch das von majestätischen Dolomitengipfeln umrahmte *Cismontal.*

Der »Normalaufstieg« zum Rifugio Rosetta erfolgt heute nur noch mit der Rosettaseilbahn. Zuerst bringt uns der Sessellift bis Col Verde (1967 m) und hernach die kühn trassierte Gondelbahn 600 Meter höher hinauf. Von der Bergstation folgen wir nun dem breiten Weg, der in zehn Minuten zur Hütte führt.
Für Verächter der Seilbahnen bietet sich von der Talstation ein gut bezeichneter Weg an, der sich bis zur Mittelstation am *Col Verde* emporschlängelt. Der Aufstieg von hier vollzieht sich nun in völliger Bergeinsamkeit. Nach fast dreistündigem Fußmarsch sind der *Passo della Rosetta* und in Kürze die gastliche Hütte erreicht.
»Rifugio Pedrotti alla Rosetta« ist die genaue Bezeichnung für die zwischen dem Roda- und dem Rosettapaß auf einem schrägen Hochplateau liegende Hütte. Im Jahre 1889 suchte die Società degli Alpinisti Tridentini, kurz SAT genannt, einen besonders schönen Platz für die Errichtung der Hütte aus. Sie ist, modern und gut geführt, in jeder Hinsicht ein zentraler Stützpunkt für die Palagruppe. Hier ist der Start für zwei Hüttenwege: Rifugio Pradidali und Rifugio Treviso – beide im Jahre 1887 von der Sektion Dresden des Deutsch-Österreichischen Alpenvereins erbaut – sind für passionierte Wanderer lohnende Ziele.
Unsere erste Tour gilt der vielbesuchten Cima di Rosetta, die von der Hütte aus in südwestlicher Richtung auf einem bequemen Steig zu erreichen ist. Für die Rundschau würde der Baedecker »drei Sterne« vergeben. Nur die wichtigsten Berge seien hier genannt: Cimone della Pala, Pala di San Martino und Cima di Ball in der näheren Umgebung, im Nordosten, schon weiter entfernt, die Hohen Tauern mit dem Großglockner, Sextener und Ampezzaner Dolomiten, Presanella-, Adamello- und Brentagruppe. Der Talblick reicht bis in die Gegend von Bozen, die »drei Sterne« wären zu Recht vergeben.
Der Engländer E. R. Whithwell, der tapfere Cortineser Bergführer Santo Siorpaes und Christian Lauener aus dem Berner Oberland erstiegen als erste den Cimone della Pala und hielten ihn für die höchste Erhebung in der Palagruppe. Mit welchen Schwierigkeiten die Ersteiger zu kämpfen hatten, erfahren wir aus ihrem Bericht: Ein frischer Nordwind hat den Himmel reingefegt. Die ersten Sonnenstrahlen vergolden die von der steilen Eiszunge aus dem Travignolopaß herabziehenden Zinnen der beiden senkrechten Wände. Nur mit einem dünnen Seil verbunden, arbeitet sich die Seilschaft mit gleichmäßigem Schritt an den Fels heran, bis sie nach drei Stunden den luftigen Endgrat erreicht. Der Weg bis zum erträumten Ziel ist immer noch voller Gefahren und Tücken, denn vereiste Risse und Kamine müssen noch gemeistert werden, bis die drei Männer am 3. Juni 1870 auf dem Gipfel stehen. Mit diesem Tag beginnt die alpine Erschließung der Palagruppe; eine Geschichte voller Siege und bitterer Enttäuschungen. Zwei Jahre später stiegen die beiden Engländer D. W. Freshfield und C. Tucker vom Travignolopaß auf die Cima della Vezzana und erreichten den um fünf Meter höheren Gipfel und damit den tatsächlich höchsten Punkt der Palagruppe.
Der Weg zur Cima della Vezzana ist bei guten Verhältnissen nicht schwierig und für jeden tüchtigen Hochtouristen leicht zu begehen. Am Stützpunkt zeigt uns ein Wegweiser nach Nordwesten den Steig zum *Bettegapaß.* Die Führe schlängelt sich um die mächtige Felsbastion der Croda della Pala ins wilde und steile *Val dei Cantoni.* Mühsam ist der Aufstieg bis zum *Travignolopaß,* der den Cimone della Pala vom Massiv der Cima Vezzana trennt. Nun geht es rechts über loses Gestein zu einer breiten Senke, auf deutlichen Begehungsspuren zum breiten Bergrücken und weiter zum höchsten Punkt der Palagruppe.
Die touristische Erschließung der Cima di Fradusta (2939 m) begann schon im Jahre 1869. Im Süden bilden die sanften Konturen der »Königin der Pala«, wie der Berg genannt

Segantini-Hütte mit der höchsten Palaerhebung, der 3191 Meter hohen Cima della Vezzana.

wird, den Abschluß der weiten Palahochfläche. Der langgestreckte Gipfelkamm dagegen bricht auf der Südseite jäh ab. In der Nordflanke liegt der spaltenfreie Fradustagletscher, der ausdehnungsmäßig die größte Vergletscherung in der Palagruppe darstellt. Wir wollen den Spuren der Ersteersteiger Leslie Stephen und Colosel von Norden her folgen. Von der Hütte aus lassen wir uns vorerst von den Markierzeichen 707 und 709 über das verkarstete Hochplateau zum *Passo Pradidali* leiten. Tief unten ist im Geröllkessel von Pradidali das gleichnamige Schutzhaus zu erkennen. Ungehindert schweift der Blick weiter nach Süden zu den Feltriner Alpen und ganz nah zu dem Felsgiganten Pala di San Martino. Im Südwesten reihen sich die Cima Immink, Cima Pradidali und in ihrer eigenartigen Schönheit die Cima della Madonna und der Sass Maor. Gegenüber im Südosten bauen sich die Cima Wilma und die Cima Canali auf. Aus dem Paß weist die Wegtafel mit der Aufschrift »Rifugio Treviso per Buse Alte« östlich zum zahmen Fradustagletscher. Genau in dieser Richtung spuren wir vom westlichen Gletscherrand hinauf bis zur *Forcella di Sopra.* Steindauben markieren ab hier die weitere Route. Schließlich erreichen wir den nach Südwesten verlaufenden Gipfelgrat und über ihn die höchste Stelle der Cima di Fradusta.

Vor uns ausgebreitet liegt eine Wanderkarte – wir haben den Entschluß gefaßt, heute noch zum *Rifugio Treviso* abzusteigen. Auf der Anstiegsroute geht es wieder zurück zur *Forcella di Sopra.* Dort vertrauen wir dem Weg, der abwärts zum *Passo Canali* führt. Hier grüßt auch schon aus dem lichten Bergwald das Rifugio Treviso zu uns herauf – es ist nicht mehr zu verfehlen.

Sehr lohnend ist der Hüttenweg zum aussichtsreich gelegenen *Rifugio Pradidali.* Der Weg verläuft zunächst über den *Passo di Val di Roda* dem gleichnamigen Tal entgegen und im Gegenanstieg, unterhalb der gewaltigen Westwand der Pala di San Martino, zum *Passo di Ball.* Der Ausblick von hier ist ungewöhnlich schön. Wie eine Riesenorgel baut sich im Osten die Cima Canali auf. Ihr zu Füßen liegt das Rifugio Pradidali, dem wir nun zustreben.

Touristische Angaben

Talort: *San Martino di Castrozza* (1466 m).

Unterkünfte: *Rifugio Rosetta* (2578 m), Società degli Alpinisti Tridentini. Bewirtschaftet vom 1. Juni bis 30. September, 71 Betten und 41 Lager, elektrisches Licht. Hüttenwirt: Michele Gadenz, Via U. Scopoli, Tonadico Primiero. Telefon: 0439-68308. Von San Martino ist die Hütte in 3 Stunden zu erreichen, am bequemsten mit der Rosettaseilbahn. *Rifugio Treviso* (1630 m), Club Alpino Italiano; Sektion Treviso. Bewirtschaftet vom 20. Juni bis 30. September, 35 Betten. Vom Rifugio Rosetta über die Cima di Fradusta 5½ Stunden entfernt. *Rifugio Pradidali* (2278 m), Club Alpino Italiano; Sektion Treviso. Bewirtschaftet vom 20. Juni bis 20. September, 24 Betten und 34 Lager. Vom Rifugio Rosetta über den Passo di Val di Roda und Passo di Ball 2 Stunden entfernt.

Bergtouren: *Cima Rosetta* (2743 m), leichte Wanderung, 30 Minuten; *Cima della Vezzana* (3191 m), relativ leichter Aufstieg, 4 Stunden; *Cima di Fradusta* (2939 m), leichte Gletscherwanderung, 2½ Stunden.

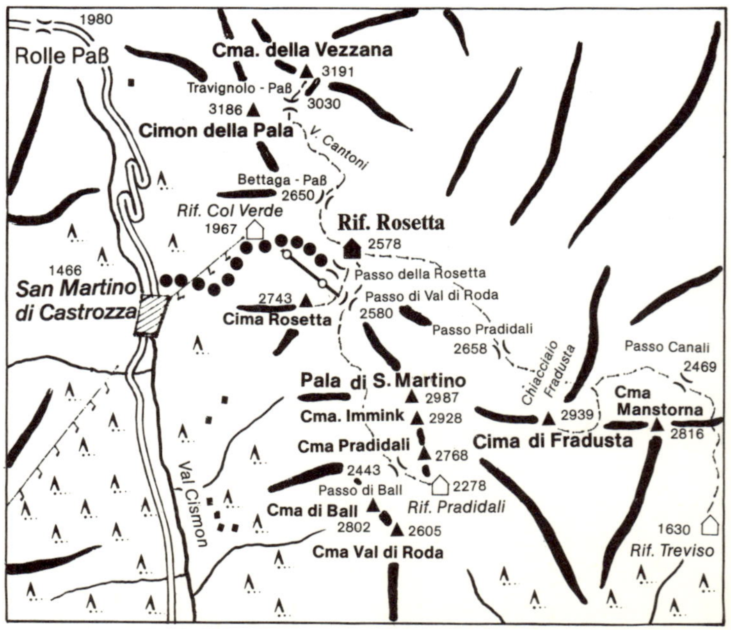

BAR RISTORANTE
BAITA G SEGANTINI M 2200

An der Dolomiten-Höhenroute △2, am Nordrand der Pala, liegt in herrlicher Felsumrahmung das Rifugio Mulaz.

Rifugio Mulaz

Im Nordzug der Pala, 2560 m

In den sechziger Jahren des vorigen Jahrhunderts schrieben Josiah Gilbert und G. C. Churchill als erste über die groteske Schönheit der Palaberge. Zwischen den Flußgebieten des Cismone und des Cordevole baut sich diese größte Riffmasse Südtirols auf. Sie ist auch die am weitesten nach Süden vorgeschobene Berggruppe der Dolomiten, im geologischen Aufbau vergleichbar den übrigen Dolomitengruppen.
Der lange Name unseres Stützpunktes lautet: »Rifugio Volpi di Misurata al Mulaz«; er wurde im Jahre 1907 von der Sektion Venezia des Club Alpino Italiano im obersten Karboden des Val Focobon unterhalb des Passo del Mulaz erstellt. Die Umgebung der Hütte zählt zu den gewaltigsten der gesamten Dolomiten. Am Nordrand der Palagruppe ist die Mulaz-Hütte der ideale Stützpunkt für viele Hüttenwege und Touren.

Der kürzeste Aufstieg beginnt am *Rollepaß*. In 30 Minuten sind wir bei der malerisch gelegenen *Segantini-Hütte*. Wir folgen der Naturstraße ins Venegiatal abwärts, bis wir auf Markierung 710 treffen, die uns nordwestlich erst flach, dann immer steiler zu dem schon von weitem sichtbaren Häuschen der Materialseilbahn bringt. Der Passo del Mulaz in 2619 Meter Höhe verlangt noch einige Anstrengungen. Dann aber öffnet sich ein Panorama, das uns die Urgewalt der Pala offenbart. Die Wandfluchten des Palanordzuges vom Campanile di Lastei bis zum Cimone della Pala ergeben eine Felsszenerie, wie es in den Dolomiten nicht viele gibt. Nach einer besinnlichen Rast erreichen wir unseren von hier aus sichtbaren Stützpunkt in kurzer Zeit.
Ein zweiter Hüttenweg beginnt beim *Passo Valles;* er ist eine weitere Eingangspforte in das Reich der Pala. Die Dolomiten-Höhenroute △2 und die Markierungen 749/751 sind unser Leitfaden. Auf die *Forcella di Venegia* kommen wir nach 45 Minuten Gehzeit. Über den *Passo Venegiotta* erreichen wir nach insgesamt vierstündigem, äußerst aussichtsreichem Aufstieg das Rifugio Mulaz.
Ein weiterer Hüttenaufstieg, der längste von allen, soll erwähnt werden: Von Gares aus, das wir mit dem Fahrzeug von Canale d'Agordo, einem Ort im Val de Biois, anfahren, führt ein Steig über Pian di Campido, Passo delle Feda und Passo Farangole zum Rifugio Mulaz.
Als erstes Tourenziel wollen wir den Hüttenberg, den 2904 Meter hohen Monte Mulaz, in Angriff nehmen. Von der Hütte aus vertrauen wir uns zunächst dem Weg an, der zum *Passo del Mulaz* hinaufführt. Unterhalb der Paßhöhe verkündet die Aufschrift »M. Mulaz«, daß hier der Anstieg beginnt. Begehungsspuren und rote Kreise weisen nordwestlich im Geröll bergauf zu einem auffallenden Felseinschnitt im Südwestgrat des Berges. Nach einer kurzen Verschnaufpause führt nun der deutlichere Steig nach rechts in die Ostflanke und in mäßiger Steigung zum Grat zwischen der Süd- und höheren Nordspitze hinauf. Unschwierig begehen wir dann diesen Grat, der uns zum Hauptgipfel mit einem kleinen Glockenturm bringt. Unaufhörlich klicken von nun an die Verschlüsse unserer Kameras. Als Hintergrund bieten sich im Norden die Eisriesen der Tauern, Zillertaler und Ötztaler Alpen an. Im Westen sind in dunklen Umrissen die Berggestalten des Ortlerzuges und weiter südwärts die Gipfel der Adamellogruppe und der Brenta zu sehen. Bedeutende Gruppen der Dolomiten ergeben hierzu den passenden Vordergrund. Jetzt fotografieren wir im Süden die nahen Berge im Nordzug der Pala. Die Bergspitzen reihen sich in deutlicher Folge vom Campanile di Lastei über die Cima dei Bureloni, Cima della Vezzana bis zum Cimone della Pala.
Unser nächstes Ziel, die Cima dei Bureloni, haben wir vom Monte Mulaz aus schon gesehen. Es ist die höchste Erhebung der gleichnamigen Untergruppe zwischen dem Campanile di Val Strutt und der Cima di Val Grande. Östlich schiebt die Cima dei Bureloni einen Sporn vor, der die Bezeichnung »Ziroccole« trägt und, gegen den Pian delle Comelle abfallend, die Täler Val Grande und Val Strutt voneinander trennt. Unser Gipfelziel wurde am 26. Juli 1888 von L. Darmstädter, R. Kramer, C. Bernard und dem Bergführer L. Stabeler das erstemal vom Burelonipaß aus erstiegen. Etwa 50 Meter südwestlich der Mulaz-Hütte zweigt der markierte Weg 703 zum Rifugio Rosetta ab. Dieser Weg soll zunächst unser Begleiter sein. Er schlängelt sich über eine südlich des

Beherrschende Gipfelgestalten im Nordzug der Pala, von links: Cima di Focobon, Torre delle Quattro Dita, Torre Viennese, Campanile di Val Grande, Cima di Val Grande, Cima dei Bureloni, Cima della Vezzana, Cimone della Pala.

Seite 58 Links im Bild sehen wir die mächtige Cima di Focobon, daneben den Campanile del Focobon, die auffallende Einkerbung des Passo di Farangole (Passo Val Grande), und rechts davon den Torre delle Quattro Dita (Vierfingerturm).

Passo del Mulaz gelegene Einkerbung hinweg und unterhalb der gewaltigen Westwand der Cima di Focobon sehr steil hinauf (Drahtseile) zum *Passo di Farangole.* Umgeben vom prächtigen Campanile di Focobon links und vom originellen Torre delle Quattro Dita (Vierfingerturm) rechts öffnet sich der phantastische Blick auf die weite, kahle Felswüste der Palahochfläche. Der steile Abstieg (ca. 60 m) auf der anderen Seite des Passes wird durch Seilsicherungen erleichtert. Am Fußpunkt des Vierfingerturmes verlassen wir den Weg 703. Schwache Markierzeichen vermitteln nun rechts den Zugang in eine Karmulde, in die eingebettet der Ziroccole-Firn liegt. Schnurgerade spuren wir hinauf zu einem Sattel in 2900 Meter Höhe. Eine Schrofenstufe vor uns erzwingt gegen Süden den anstrengenden Aufstieg zum *Passo dei Bureloni.* Von hier folgen wir dem dürftigen Steig über schottrig bedeckte, gut gestufte Felsen hinauf zum Gipfelsteinmann. Großartig und unvergleichlich schön ist das Rundpanorama über die gesamte Palagruppe, das wir an diesem Tage in 3130 Meter Höhe erleben.
Bei beständiger Hochdrucklage begehen wir den interessanten »Sentiero delle Farangole« zum Rifugio Rosetta. Es ist zunächst dieselbe Route wie beim Aufstieg zur Cima dei Bureloni. Vom Passo di Farangole, der auch Passo Val Grande genannt wird, führt der Sentiero in den Talgrund des *Val Grande* und weiter um den kühnen Torcia di Val Grande herum zur Einmündung des wilden Val Strutt. Im Abstieg zum Pian delle Comelle bis zum Pian dei Cantoni heißt es achtgeben; links stürzen die grasigen Hänge steil in das Valle delle Comelle ab. An der Vereinigung mit dem Weg, der von Canale d'Agordo heraufzieht, halten wir uns rechts und steigen über die verkarstete Palahochfläche bergauf zum Rifugio Rosetta. Ein erlebnisreicher Tag neigt sich seinem Ende zu.

Touristische Angaben

Talort: *San Martino di Castrozza* (1466 m), nach Cortina d'Ampezzo einer der bekanntesten Fremdenverkehrsorte in den Dolomiten; Zufahrt von Predazzo im Fleimstal durch das Travignolotal und über den landschaftlich großartigen Rollepaß (1970 m), 30 Kilometer; von Fiera di Primiero durch das Cismontal, 13 Kilometer.
Unterkünfte: *Rifugio Mulaz* (2560 m), Club Alpino Italiano; Sektion Venezia. Bewirtschaftet vom 26. Juni bis 20. September, 18 Betten und 22 Lager, elektrisches Licht. Hüttenwirt: Adami Silvio Guda, Canale d'Agordo. Telefon 0437-50184. Vom Rollepaß ist die Hütte in 3 Stunden zu erreichen, vom Passo Valles in 4 Stunden und von Canale d'Agordo im Val de Biois über Gares in 6 Stunden. *Rifugio Rosetta* (2578 m), Società degli Alpinisti Tridentini. Bewirtschaftet vom 1. Juni bis 30. September, 71 Betten und 41 Lager. Vom Rifugio Mulaz durch das Val Grande in 4 bis 5 Stunden zu erreichen, nur für trittsichere Geher.
Bergtouren: *Monte Mulaz* (2904 m), unschwieriger Hüttenberg, 1 Stunde; *Cima dei Bureloni* (3130 m), Trittsicherheit und Orientierungssinn erforderlich, 3 Stunden.

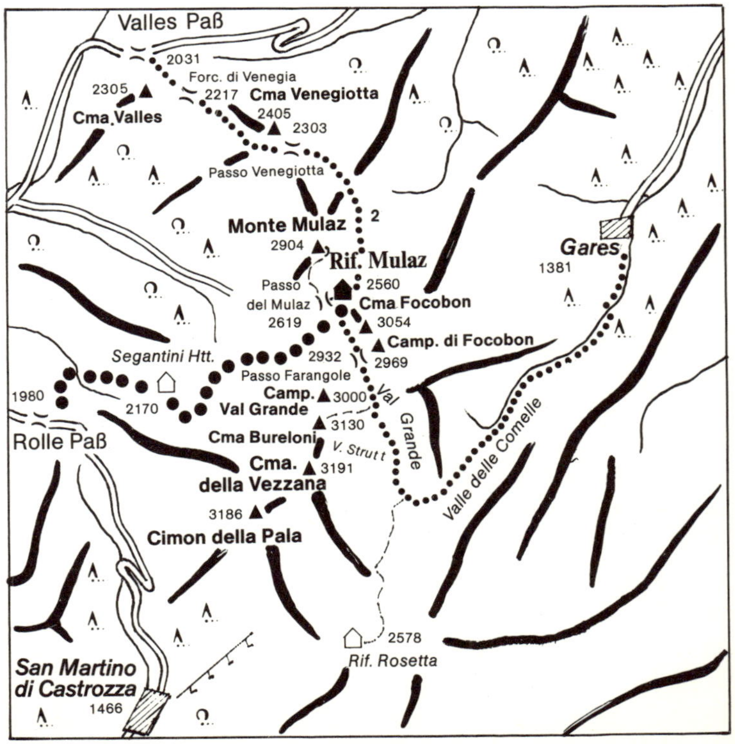

Der Antelao (3263 m), höchste Erhebung in den östlichen Dolomiten, von Nordwesten. Die Erstbesteigung wurde schon im Jahre 1863 von Paul Grohmann durchgeführt.

Seite 59 Idealer Stützpunkt für Bergfahrten im Reiche der Tofanen ist das Rifugio Camillo Giussani.

Rifugio Camillo Giussani

Ausgangspunkt für die Drei Tofanen, 2600 m

Im Reiche der Tofanen, bestehend aus drei Felsgiganten, wollen wir diesmal unser Quartier aufschlagen. Die Tofanen sind mit ihren fast 1000 Meter hohen Wandfluchten das Wahrzeichen der Ampezzaner Dolomiten. Relativ leicht und sogar mit Kindern ist das Rifugio Giussani zu erreichen. Die *Falzaregopaßstraße* befahren wir hinter der *Hotelsiedlung Pocol* zunächst noch zwei Kilometer in westlicher Richtung. An einer Hinweistafel zweigt rechts ein Sandsträßchen ab, das bis zum *Rifugio Angelo Dibona* hochführt. Hier hat unser Fahrzeug endlich Ruhepause. Eine alte Kriegsstraße, Markierung 403, windet sich nördlich in weiten Serpentinen im sogenannten Vallon, zwischen Tofana di Rozes und Tofana di Mezzo, empor. Unweit der aufgelassenen Cantore-Hütte gehen wir vorbei und gelangen schließlich im wild durcheinandergewürfelten Blockgewirr zu unserem Stützpunkt.
Modern ist die 1970 erbaute *Camillo-Giussani-Hütte.* Individueller war das inzwischen aufgelassene Rifugio Generale Antonio Cantore, das seinen Namen von dem am 20. Juli 1915 gefallenen Alpinigeneral erhalten hat. Ein Kreuz bei der alten Cantore-Hütte bezeichnet die Stelle, an welcher General Antonio Cantore den Tod fand. Die Giussani-Hütte liegt auf der zu trauriger Berühmtheit gelangten Forcella Fontananegra, auf der im Ersten Weltkrieg schwere Kämpfe stattfanden. Die erste, recht kleine Hütte war die vom Deutsch-Österreichischen Alpenverein 1886 erbaute Tofanahütte, die wie so viele andere Schutzhäuser im Ersten Weltkrieg zerstört wurde.
Eine schöne, abwechslungsreiche Hüttentour ist die Umwanderung der *Tofana di Rozes* über die *Forcella Bois.* Die Krönung der Route ist die Begehung des 507 Meter langen Sprengstollens am Castelletto. Die Ersteigung der Tofana di Rozes auf dem Klettersteig »Giovanni Lipella« – ein absolut schwieriger Abschnitt – kommt nur für trittsichere und geübte Bergsteiger in Frage. Vom Stützpunkt wenden wir uns südlich dem Steig zu, der zum *Rifugio Dibona* führt. Nach etwa 30 Gehminuten schwenken wir nach rechts und vertrauen uns der Markierung 404 an. Sie leitet unter der gewaltigen Südwand der Tofana di Rozes entlang, bis man den Eingang des Minenstollens sieht. Hier müssen wir uns entscheiden, ob wir im Stollen aufwärts oder auf Steig 401 zur Forcella Bois weitergehen.
Für den Weg durch den 507 Meter langen Stollen ist unbedingt eine Taschenlampe mitzunehmen. In einem der Gänge mit Ausblick zum Falzaregopaß hat die Comit, eine Untersektion des CAI Mailand, ein Gebirgsgeschütz aufgestellt. Am Stollenende, und zwar beim Sprengtrichter des Castelletto, können wir in leichter Kletterei über Schrofen den Gipfel erreichen. Der Castelletto hieß vor dem Ersten Weltkrieg »Punta dei Bois« und wurde am 11. Juli 1916 mit 35 Tonnen Sprenggelatine gesprengt. Dabei stürzten die Südtürme des Gipfelgrates völlig ein. Am Stollenausgang beginnt der anspruchsvolle Klettersteig »Giovanni Lipella«.
Von der *Forcella Bois* geht es nördlich ins landschaftlich großartige *Val Travenanzes.* Im Ersten Weltkrieg versperrten den Italienern der natürliche Wall des Castelletto und mehrere Felsquader den Eingang ins Tal. Der Sasso Misterioso – der geheimnisvolle Fels –, von den Österreichern als »Gespaltener Fels« bezeichnet, erlangte große strategische Bedeutung. Andere Stellungspunkte hatten recht originelle Namen, z. B. hieß das italienische Maschinengewehrnest in der Tofanawand »Tofanaseppl«, eine italienische Feldwache »August«, eine österreichische Feldwache »Dickschädel«.
Um unsere Wanderung fortzusetzen, folgen wir weiterhin der Markierung 401, die uns in die Talsohle und zur *Malga Travenanzes* bringt. Bei dem Standort der ehemaligen »Wolf-von-Glanvell-Hütte«, die am 1. August 1915 zerstört wurde, geht es rechts auf der *Scala del Minighel* (Minighel-Leiter) in einer Steilwand hinauf in das Kar »Il Masare«. Diese Führe ist nur sehr versierten Bergsteigern anzuraten.
Von der *Malga Travenanzes* zweigt ebenfalls rechts der weitaus einfachere Steig mit der Nummer 403 ab. Auf einem mit Krummholz bestandenen Band gelangen wir zwar steil, aber unschwierig empor zum vorher genannten Kar »Il Masare« und über Geröll zur Forcella Fontananegra.
Von allen drei Tofanen ist die Tofana di Rozes auf der Normalführe am leichtesten zu bezwingen (siehe auch Luis Trenker/Helmut Dumler »Die schönsten Berge der Dolomi-

Starke Anziehungskraft auf die Kletterer übt die gelbrote Südwand der Tofana di Rozes aus.

ten«). Im Jahre 1863 betrat Paul Grohmann in Begleitung des erfahrenen, sechzigjährigen Francesco Lacedelli aus Cortina die höchste der drei Tofanen, die *Tofana di Mezzo.* Die Geschichte des Alpinismus in den Ampezzaner Dolomiten hatte damit begonnen. Obwohl die neue, moderne Seilbahn »Freccia nel cielo«, der Himmelspfeil, in zwei Teilstrecken von Cortina auf den Gipfel führt und vielen Besuchern die Möglichkeit bietet, unbeschwert die herrliche Aussicht zu genießen, hat der Berg von seiner Anziehungskraft bisher nicht viel verloren. Auch wir wollen uns der Besteigung der Mittleren Tofana, wie der Gipfel noch genannt wird, zuwenden. Vom *Rifugio Giussani* steigen wir anfangs östlich, dann nördlich empor in dem feinen Geröll, das von der *Forcella del Vallon,* der Einschartung zwischen Punta Giovannina und Tofana di Mezzo, herabzieht. Nach der Schutthatscherei leitet aus der Scharte, nördlich, ein schmaler schottriger Steig zu den Westabstürzen der Tofana di Mezzo. Von hier gelangen wir auf Felsbändern und über eine Felsschulter zum ewigen Firnfeld, das eingebettet zwischen der Tofana di Dentro im Norden und der Mittleren Tofana im Süden liegt. Unschwierig geht es nun am rechten Rand des Firnlagers entlang und in den Felsen hinauf zum geschwungenen Sattel, der beide Tofanen miteinander verbindet. Jetzt wird es interessanter. Fixe Drahtseile bringen uns rechts auf einem Felsband, das oft vereist ist, höher zum bequemen Weg, der von der Bergstation der Seilbahn zur höchsten Gipfelstelle führt. Der Aufstieg ist geschafft. Die Rundschau bei klarem Wetter ist überwältigend. Das Auge streift ungehindert über das Gipfelmeer der Dolomiten hinweg bis zu den Eisriesen im Hauptkamm der Zentralalpen.

Demjenigen, der genügend Kondition besitzt, sei der Aufstieg zur *Tofana di Dentro* empfohlen. Wir steigen wiederum hinab zum Verbindungssattel zwischen den beiden Tofanen. Von hier leiten Drahtseile nördlich auf dem gebänderten Grat hinauf zum breiten Felsband in der Südwand der Tofana di Dentro. Auf nicht mehr zu verfehlender Route gelangen wir schließlich durch eine Felsgalerie zur Ostseite und kurz ansteigend zum höchsten Punkt des Berges.

Touristische Angaben

Talort: *Cortina d'Ampezzo* (1211 m), Hauptausgangsort für die Ampezzaner Dolomiten, zu erreichen durch das Pustertal über Toblach auf der Staatsstraße Nr. 51, 32 Kilometer; von Belluno auf der Staatsstraße Nr. 51 durch das Piave- und Ampezzotal, 63 Kilometer; von Canazei im Fassatal auf der Großen Dolomitenstraße, 58 Kilometer.
Unterkunft: *Rifugio Camillo Giussani* (2600 m), Club Alpino Italiano; Sektion Cortina d'Ampezzo. Bewirtschaftet vom 10. Juni bis 20. September, 28 Betten und 38 Lager, elektrisches Licht. Hüttenwirt: Vittorio da Poz, Col Nr. 9, Cortina d'Ampezzo. Hüttentelefon: 0436-5740. Vom Rifugio Angelo Dibona 1½ Stunden entfernt.
Bergtouren: *Tofana di Rozes* (3225 m) auf dem Normalweg (siehe Luis Trenker/Helmut Dumler »Die schönsten Berge der Dolomiten«), 2½ Stunden; *Tofana di Mezzo* (3243 m), 3 Stunden; *Tofana di Dentro* (3237 m), 1¼ Stunden ab Tofana di Mezzo; *Castelletto* (2656 m), 2 Stunden.
Rundwanderung: Über die *Forcella Bois, Val Travenanzes, Kar Il Masare,* 5 bis 6 Stunden.

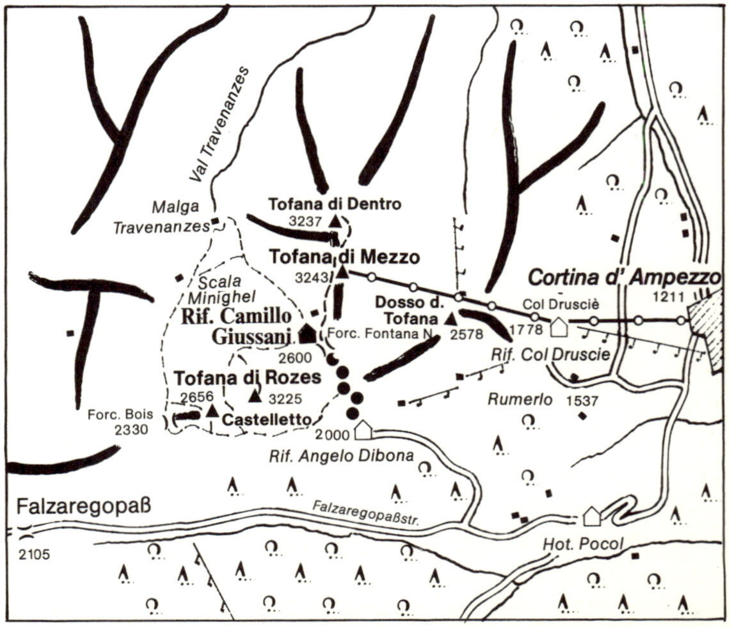

Schutzhaus Lagazuoi. Von der Aussichtsterrasse instruktive Übersicht über das ehemalige Kampfgebiet im Ersten Weltkrieg.

Rifugio Monte Lagazuoi

Haus in den Wolken, 2756 m

Zu den landschaftlich schönsten Alpenstraßen gehört die »Große Dolomitenstraße«. Sie führt von Bozen über den Karerpaß, das Pordoijoch und den Falzaregopaß nach Cortina d'Ampezzo. Die Falzaregopaßhöhe ist diesmal der Ausgangspunkt für unsere Exkursionen in der Lagazuoigruppe. Der Name des Passes – so berichtet die Sage – leitet sich von dem zu Stein gewordenen, habgierigen Fàneskönig »el fáutso régo« ab.

Zwei Möglichkeiten ergeben sich von der Paßhöhe aus, das Rifugio Monte Lagazuoi zu erreichen. Die einfachste Art bietet die Lagazuoiseilbahn. Sie überwindet die 600 Höhenmeter in wenigen Minuten. Es ist unsportlich, aber bequem. Liegt das wohl in unserem Interesse? Die Aufstiegsroute zu Fuß ist eigentlich genau das, was wir uns wünschen: eine Wanderung von zwei Stunden, die auch mit gehtüchtigen Kindern durchzuführen ist. Markierung 402 bringt uns in nordöstlicher Richtung über Grashänge und Schuttreisen empor zur *Lagazuoischarte*.Der Ausblick von hier ist phantastisch. Südwestlich geht es nun steiler in dem vegetationsarmen Gelände bergauf zu dem aussichtsreich gelegenen Schutzhaus. Tagsüber wird die Aussichtsterrasse von sonnenhungrigen Besuchern belagert. Abends sind dann die Bergsteiger unter sich.
Den Hüttenberg, den *Kleinen Lagazuoi*, können wir noch nach dem Kaffeetrinken besteigen. Es ist ein netter, bequemer Spaziergang ohne Probleme. Nordwestlich von der Aussichtsterrasse wandern wir über den breiten Gipfelgrat in leichtem Auf und Ab zum höchsten Punkt mit einem Gedenkkreuz. Der Hexenstein duckt sich vor uns. Fanisgruppe, Travenanzestal und die Tofanen, die drei Giganten, bieten sich dem Blick. In halber Wandhöhe durchzieht das Felsband »Cengia Martini«, benannt nach dem italienischen Kommandanten, den Kleinen Lagazuoi. Im Ersten Weltkrieg waren die Stellungen auf diesem Band sowohl für die Österreicher als auch für die Italiener von größter strategischer Bedeutung. Der Sprengstollen einer italienischen Mine besaß eine Länge von 1110 Meter. Er wurde neuerdings in seiner ganzen Länge wieder begehbar gemacht und mit Drahtseilen abgesichert. Wir wollen uns diese außergewöhnliche Trasse nicht entgehen lassen. Vom Stützpunkt steigen wir, mit einer Taschenlampe ausgerüstet, zum Stolleneingang, der sogenannten »Galleria del Lagazuoi«, hinab. Festverankerte Seile und Felsstufen bringen uns im längsten erhaltenen Stollen der gesamten Alpenfront abwärts zu seinem Ausgang. Hier ist für gute Bergsteiger der Ausgangspunkt zur Begehung der ehemals schwerumkämpften Felsbänder der Cengia Martini. Wir aber gehen in südwestlicher Richtung auf dem deutlichen Frontweg 402 zur Falzaregopaßhöhe.
Zu erwähnen wäre noch der Hüttenweg, der von der Capanna Alpina seinen Anfang nimmt. Im *Valle di San Cassiano,* auf der Straße, die zum Valparolapaß führt, zweigt gleich hinter Armentarola nordöstlich eine Schotterstraße ab, die bis zur Capanna befahren werden darf. Von hier weist uns Markierung 20 südöstlich über den fichtenbestandenen Talboden des Lagazuoitals durch Krummholz hinauf zur herrlich gelegenen Alpe gleichen Namens. In der Nähe des kleinen Lagazuoisees liegt auch das *Rifugio Scotoni* und in unmittelbarer Umgebung eine schöne Kapelle mit einer Gedenktafel für die Gefallenen aus dem Ersten Weltkrieg. Die Alpe war damals Standpunkt eines österreichischen Barackenlagers mit einer Seilbahnstation. Ein alter Kriegssteig, schwach ansteigend, vermittelt nun den Zugang zur *Forcella Lagazuoi.* Besonders fotogen zeigen sich die steilaufragenden, gelbroten Wände der Fanisspitzen. Unser größtes Augenmerk gilt der Südlichen Fanisspitze, die auf einem der schwierigsten Klettersteige der Dolomiten, der »Via ferrata Tomaselli«, erstiegen werden kann. Aus der Forcella Lagazuoi übernimmt nun Markierung 402 B die Führung. Unser Stützpunkt, die Lagazuoi-Hütte, liegt etwa 180 Meter höher.
Die Cima Falzarego und der Col dei Bois können in leichter Wanderung erstiegen werden. Über die *Forcella Lagazuoi* und *Forcella Travenanzes* erreichen wir zuerst die Cima Falzarego und anschließend über die Einsattelung der beiden Gipfel die höchste Kuppe des Col dei Bois. Nachdenklich stimmen uns heute noch Reste von Laufgräben, Kavernen

Abendwolken ziehen gespenstisch über den Großen Lagazuoi.

Seite 68 Der Castelletto (»Schlößchen«), Bollwerk im Verteidigungssystem der Österreicher, wurde am 11. Juli 1916 mit 35 Tonnen Sprenggelatine von den Italienern gesprengt.

und Stellungsbauten aus dem furchtbaren Hochgebirgskrieg der Jahre 1915 bis 1918.

Für ausdauernde Geher ist die Wanderung durchs wilde, einsame Travenanzestal ein wahrer Hochgenuß. Vom Rifugio Lagazuoi bringt uns der schon bekannte Weg hinab zur Forcella Travenanzes und gegen Nordosten zur Einschartung »Col dei Bois«. Kurz vorher leitet Markierung 401, ab jetzt unser ständiger Wegweiser, nordwärts in leichtem Gefälle zu riesigen, ausgehöhlten und mit Schießscharten versehenen Felsblöcken. Während des Ersten Weltkrieges lagen sich hier zwischen Tofana di Rozes, Fanisturm und Großem Lagazuoi Österreicher und Italiener gegenüber und lieferten sich die heftigsten Gefechte. Wir setzen unsere Wanderung fort und gelangen schließlich durch lichten Lärchenbestand in den Talgrund mit den Gebäuderesten der ehemaligen *Travenanzesalm.* Hier zweigt rechts die sehr abenteuerliche »Scala del Minighel« ab. Sie vermittelt den kürzesten Zugang zur Forcella Fontananegra. Außerdem führt der Weg 403 hierher beziehungsweise zum Rifugio Giussani. Links mündet der Steig 17 ein, eine Variante des Dolomiten-Höhenweges △1. Er stellt den Übergang zum Rifugio Fanes her. Der weitere Weg zieht anfangs zwischen Krummholz an der orographisch linken Seite des Travenanzesbaches entlang und später über Almböden nach rechts zum enger werdenden Taleinschnitt. Tief unten ist das Rauschen des schäumenden Wildbaches zu hören, der sich zwischen den Felsen den Zugang zum Boitefluß erzwingt. Hier senkt sich unser Weg, dem wir treu bleiben, bis die Straße, die vom Limojoch herabzieht, uns talaus nach Fiammes bringt.

Touristische Angaben

Talort: *Cortina d'Ampezzo* (1211 m).

Unterkunft: *Rifugio Monte Lagazuoi* (2756 m), privat. Bewirtschaftet von Mitte Juni bis 10. Oktober, 14 Betten und 22 Lager, elektrisches Licht. Hüttenwirt: Hugo Pompanin, Chiave 31, Cortina d'Ampezzo. Hüttentelefon: 0436-5991. Vom Falzaregopaß in 2 Stunden leicht erreichbar oder mit der Lagazuoiseilbahn in wenigen Minuten. Unschwieriger Hüttenweg von der Capanna Alpina über das Rifugio Scotoni, 3½ Stunden. *Rifugio Scotoni* (1985 m), privat. Bewirtschaftet von Anfang Juli bis Ende September, 19 Betten. Von der Capanna Alpina 1 Stunde entfernt.

Bergwanderungen: *Kleiner Lagazuoi* (2778 m), 15 Minuten; *Cima Falzarego* (2563 m), 45 Minuten, *Col dei Bois* (2559 m), 30 Minuten von der Cima Falzarego entfernt.

Talwanderungen: Durch die *Galleria del Lagazuoi* zum *Falzaregopaß,* 1½ Stunden; großartige Wanderung durchs Travenanzestal nach Fiammes, 5 Stunden.

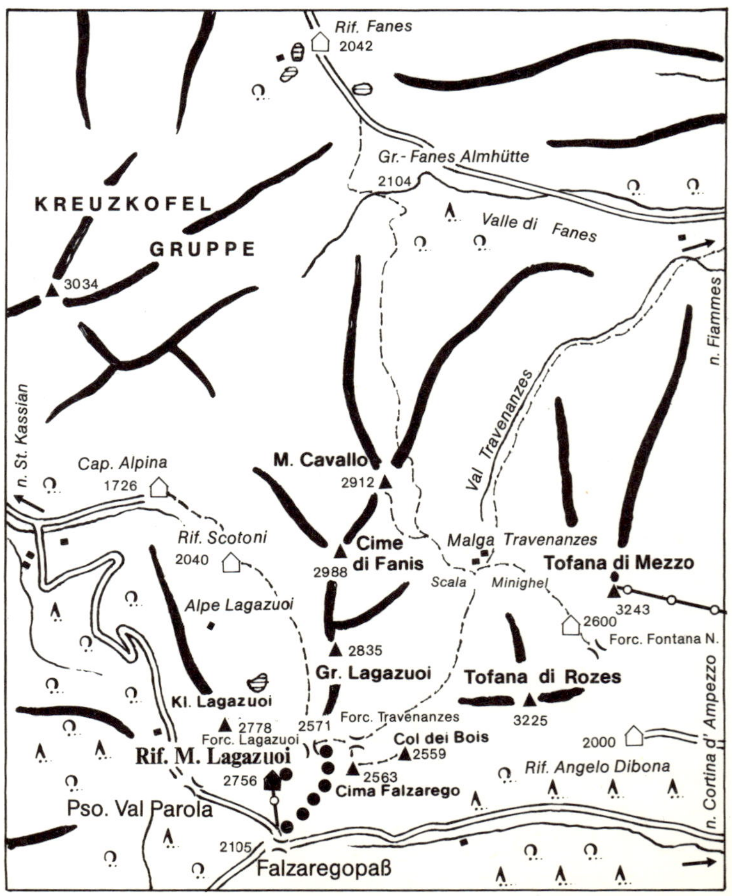

UCIA

Die Fanisberge, auf dem Weg, der über das Tadegajoch führt, gesehen. Links über der Forcella del Lago: Cima Scotoni, rechts: Cima del Lago.

Seite 69 Unterhalb des Limojoches, auf der Alpe Klein-Fanes, liegt in 2042 Meter Höhe die gemütliche Fanes-Hütte. Im Norden ist die schöngeformte Eisengabelspitze zu sehen.

Fanes-Hütte

Im Sagenreich der Fanes, 2042 m

Auf der Fanesalpe stand einst ein Schloß - so berichtet die Sage: Das blühende Reich der Fànes, so wurden die Bewohner genannt, sei nur deshalb so groß und mächtig geworden, weil es geheime Verbündete hatte. Der Siegeszug des Fàneskönigs »el fáutso régo« kannte keine Grenzen; sein Reich wuchs an Macht und Schätzen. Doch als die Königstochter Dolasilla den Krieger Ey-de-Nét heiraten wollte, zürnte der König; Ey-de-Nét wurde des Landes verwiesen. Dolasilla legte den Eid ab, nie mehr ohne ihn in den Krieg zu ziehen. Daraufhin verließ der König in aller Stille sein Schloß und begab sich auf den Berg Lagazuoi – das Reich der Fànes war verloren! Karl Felix Wolff widmete dem Sagenkreis der Fànes in seinem berühmten Buch »Dolomiten-Sagen« mehrere Kapitel.
Der Südtiroler Alpinarchäologe Ingenieur Innerebner entdeckte im Jahre 1953 am Fuße des Zehnerkofel die Reste einer prähistorischen Fluchtburg. Hier suchten die Berglandbewohner mit ihren Viehherden Schutz, wenn Feinde nahten. Die Überreste eines mächtigen Ringwalles sind heute noch zu sehen.
Die Alpe Fanes wird erstmals in einer Beschreibung der Grenze zwischen den Grafschaften Norital und Pustertal aus den Jahren 1002 bis 1004 als »petra Uanna« genannt. In dieser Region, auf der Alpe Klein-Fanes, liegt am Westufer des Grünsees die geräumige La-Varella-Hütte und in unmittelbarer Nähe, unter dem Limojoch, das Rifugio Fanes. Beide Schutzhäuser wurden nach dem Ersten Weltkrieg erbaut. Ein von der Sektion Danzig geplanter Hüttenbau auf Fanes wurde durch den Ersten Weltkrieg verhindert. Die Fanes-Hütte soll diesmal Ziel unserer Hüttenwanderung sein.

Das bekannte Sommer- und Wintersportzentrum *St. Vigil* in Enneberg, unser Ausgangspunkt, ist von einem Kranz der schönsten Dolomitenfelsen umgeben. Piz da Peres, Monte Paraccia, Paresspitze und der Monte Sella di Sennes bilden die großartige Kulisse. Von dem Ort führt südöstlich eine ehemalige Kriegsstraße durchs wildromantische *Rautal* bis zum *Rifugio Pederü*. Im Ersten Weltkrieg stand an dieser Stelle ein großes österreichisches Reservelager. Nun folgen wir auf Schusters Rappen in südlicher Richtung den Steilkehren, die sich im Talschluß des *Valle di Rudo* zum kleinen *Lago Pissodel* emporwinden. Hier bringt uns die nunmehr zahmer werdende Naturstraße, nördlich der Klamm des Vigilbaches, unschwierig zur *Fanes-Hütte.*
Der landschaftlich reizvollere Hüttenweg beginnt an der *Capanna Alpina,* die man vom St. Kassiantal aus erreicht. Markierung 11 führt nordostwärts über den von Fichten bestandenen Talboden und anschließend hinauf zum aussichtsreichen *Col Loggia*. Von dort streben wir dem *Tadegajoch* zu. Großartig die Schau links zu den Conturinesspitzen und zu den gegenüberliegenden Fanisbergen! Die *Malga Fanes* auf der Groß-Fanesalpe ist bald erreicht. Von der Wegtafel geht es zum *Limosee* und weiter zum gleichnamigen Joch. Ganz plötzlich tauchen im Süden der Monte Vallon Bianco, die Furcia Rossa-Spitzen und der Monte Castello auf. Tofana di Mezzo mit ihrem firnbedeckten Haupt gleißt im Süden. Gegen Westen sehen wir über die steinerne, verkarstete Wildnis bis hin zu Heiligkreuzkofel, Zehner-, Neuner- und Eisengabelspitze. Zu dem jetzt fast zum Greifen nahen Stützpunkt gelangen wir vom Limojoch in wenigen Minuten.
Eine Idee wurde Wirklichkeit: »Le Vie della Pace«, Wege des Friedens, so heißen die wieder instandgesetzten Kriegssteige aus dem Ersten Weltkrieg. Der Wiener Oberst und idealistische Professor Walther Schaumann hat sie mit freiwilligen Helfern aus vielen Nationen wieder gangbar gemacht. Keiner kennt wie er die verfallenen Stellungen zwischen Etsch und Drau. Gräben, Stollen und Kavernen wurden wieder hergerichtet. Tafeln aus Blech und Marmor erzählen Geschichte und Geschichten. Die Wege des Friedens sind völkerverbindend – das ist das große Verdienst des Oberst und seiner vielen freiwilligen Helfer. Eine einzigartige alpine Weganlage ist hier für den geübten Bergsteiger vom Monte Vallon Bianco bis zum Lagazuoi entstanden. Dem *Monte Vallon Bianco*, dem nördlichsten Punkt im langen Kamm der Furcia Rossa-Spitzen, gilt unser Besuch. Auf dem »Via della Pace« sollte er kein Problem darstellen. Vom Stützpunkt gehen wir zum *Limojoch* und weiter bis zur *Groß-Fanes-Almhüt-*

Über dem Abteital erhebt sich der kilometerlange Felswall der Kreuzkofelgruppe.

te. Ein kurzes Wegstück leitet südlich zu einem Wegweiser mit der Aufschrift »VB«. Diese Markierung dürfen wir während des gesamten Aufstiegs nicht verlassen. »FR« würde uns zum Klettersteig bringen, der zur Südlichen Furcia-Rossa-Spitze führt. Unser Weg zieht anfangs in Kehren steil bergauf, an Drahtseilen entlang und über kühn angelegte Brücken zum Gipfel mit vielen Stellungsbauten.

Anderntags wollen wir dem Wahrzeichen des Abteitales, dem *Heiligkreuzkofel,* einen Besuch abstatten. Von der Fanes-Hütte schlendern wir zunächst hinüber zur sichtbaren *La-Varella-Hütte.* Dort nimmt der mit den Markierungszeichen 7/12 versehene Weg seinen Anfang. Er windet sich südwestwärts ziemlich steil auf bewachsenen Felsstufen empor zur weiten Hochfläche der Klein-Fanesalpe. Krasse Gegensätze im Landschaftsbild sind hier auf kleinstem Raum zusammengedrängt. Trostlose, öde Steinwüsten, üppiger Pflanzenwuchs und mächtige Wandentfaltungen sind die Merkmale dieser einsamen Region. Markierzeichen bringen uns sicher zwischen den Karrenhügeln hindurch in die Nähe des blinkenden *Paronsees* und im weiteren Verlauf zu einer Weggabelung in 2300 Meter Höhe. Jetzt übernimmt der Weg 7 in genau westlicher Richtung die Führung. Vom *Kreuzkofeljoch* halten wir uns rechts und legen die letzten 300 Höhenmeter bis zum Gipfelkreuz in einer guten Stunde zurück. Überwältigend ist von hier die Rundschau. Sie umfaßt bekannte Dolomitengruppen, reicht hinunter zu den Wiesen und Wäldern des Abteitales und zu den plattigen Gipfelaufbauten der Zehner- und Neunerspitze.

Die wegen ihrer Aussicht vielgerühmte *Pareispitze* ist auf dem Normalweg auch mit Kindern leicht zu ersteigen. Vom türkisfarbenen *Limosee* steigen wir entweder von dessen Nord- oder Südufer in östlicher Richtung über einen steilen begrünten Hang hinauf zu dem Geröllkessel, der unter dem Westgrat des Berges liegt. Von hier erfolgt der Zugang in die schottrige Südflanke und, etwas anstrengender, der Aufstieg zum östlichen und zugleich höchsten Gipfelpunkt. Sehr eindrucksvoll ist die Sicht über die Klein-Fanesalpe zu den Conturinesbergen, die die Nordwestecke der Fanesgruppe bilden.

Touristische Angaben

Talort: *St. Vigil in Enneberg* (1201 m), Fremdenverkehrsort.

Unterkünfte: *Fanes-Hütte* (2042 m), privat. Bewirtschaftet von Anfang Juni bis Ende Oktober, 65 Betten und 10 Lager, elektrisches Licht. Hüttenwirt: Familie Mutschlechner, St. Vigil in Enneberg. Hüttentelefon: 04 74-5 10 97. Vom Rifugio Pederü in 2 Stunden, von der Capanna Alpina in 3 Stunden zu erreichen. *La Varella-Hütte* (2042 m), privat. Bewirtschaftet vom 1. Juni bis 30. Oktober, 32 Betten und 10 Lager. In einer Viertelstunde von der Fanes-Hütte zu erreichen.

Klettersteig: *Monte Vallon Bianco* (2688 m), Trittsicherheit erforderlich, 3 Stunden.

Bergtouren: *Heiligkreuzkofel* (2908 m), Orientierung und in der letzten Aufstiegsphase Trittsicherheit erforderlich; *Pareispitze* (Col Becchei di Sopra, 2793 m), leichte Bergtour, 2½ Stunden.

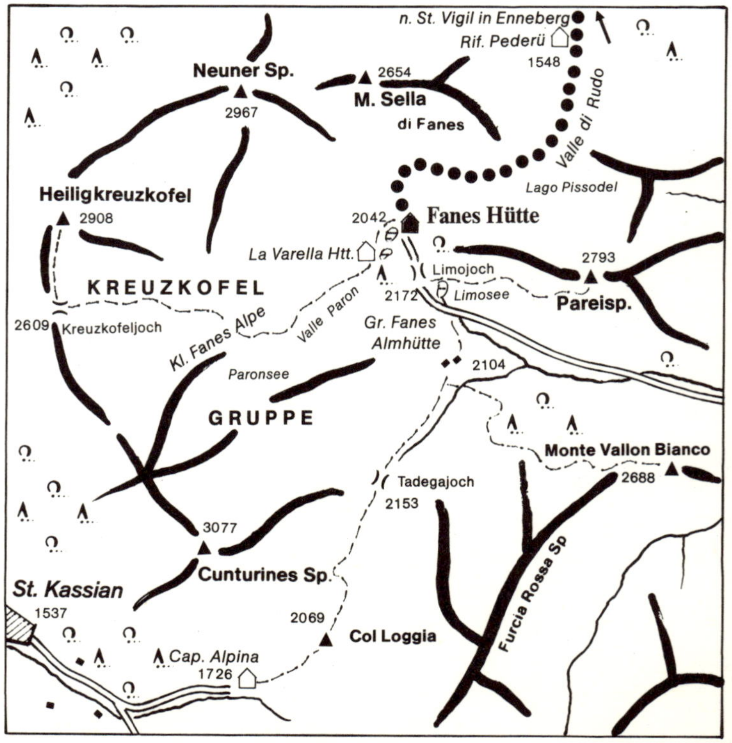

Hinter der Seekofel-Hütte baut sich die plattige Südwand des Seekofel auf. Die Normalroute, die auf dem Südostgrat des Berges emporführt, ist für jeden einigermaßen Geübten ohne weiteres zu bewältigen.

Seekofel-Hütte

Domizil in den Pragser Dolomiten, 2300 m

Auf der Fossesalpe in den Pragser Dolomiten erbaute die Sektion Eger des Deutsch-Österreichischen Alpenvereins 1907 die Egerer Hütte. Damals hatte die Schutzhütte 23 Schlafgelegenheiten, heute hat sie 38, obwohl sie in ihrer ursprünglichen Form erhalten blieb. Die Hütte wurde im Ersten Weltkrieg ausgeplündert. Die Sektion Biella des Club Alpino Italiano richtete sie wieder zur Bewirtschaftung ein. Nunmehr trägt sie die Namen Rifugio Biella oder Rifugio Croda del Becco und auch Seekofel-Hütte. Die Anziehungskraft, die der aussichtsreiche Seekofel ausübt, hat besonders an den Wochenenden großen Betrieb auf der Seekofel-Hütte zur Folge.

Einer der am romantischsten gelegenen Bergseen ist der Pragser Wildsee, am Ende des Tales von Innerprags. Im Süden schließt ihn der gewaltige Seekofel ab, von den Ladinern und Ennebergern »Saß dla Porta« (Torkofel) genannt. Wild und schön sind auch die anderen Berge ringsum, die dieses Kleinod, eine Perle unter den Dolomitenseen, umgeben. Vom *Seehotel* nehmen wir den Dolomiten-Höhenweg △1, der an der Westseite des Sees entlang zum Südrand leitet. Hier weist uns eine Wegtafel nach Südosten. Ein ausgeprägtes Schmelzwasserbett dient dabei als Richtungshilfe. Steil führt der Steig bergauf in die Felsenenge »Nabiges Loch« und zwischen Krüppellärchen, Alpenrosensträuchern und Zwergwacholder hindurch ins Ofenkar. Nicht mehr zu verfehlen ist der Sattel »Porta sora al Forn«, von dem aus die Seekofel-Hütte, der idealste Stützpunkt in den Pragser Dolomiten, zu sehen ist.

Fast zeitgleich ist der Weg, der vom *Rifugio Pederü* über die Sennes-Hütte zu unserem Stützpunkt führt. Obwohl manche Zeitgenossen sich mit Jeeps befördern lassen, ziehen wir den Aufstieg per pedes vor. Wiederum übernimmt die Dolomiten-Höhenroute △1 die Führung. Ostwärts kommen wir auf steilen Serpentinen rasch hinauf zu einer baumbestandenen Mulde, die in unmittelbarer Nähe der Alpe Fodara Vedla liegt. Die letzten 150 Höhenmeter bis zur *Sennes-Hütte* werden in einer knappen Stunde zurückgelegt. Eine kräftige Stärkung haben wir uns jetzt verdient. Zwei Varianten bieten sich nun an, unseren Stützpunkt zu erreichen: Entweder folgen wir dem deutlichen Karrenweg nach Osten oder wir gehen querfeldein über die wellige Sennesalpe.

Der dritte Hüttenweg beginnt bei der *Alpe Stua*, die von einer Kehre der Ampezzaner Straße zu erreichen ist. Von hier wandern wir durchs weite *Campo-Croce-Tal* und in der Fortsetzung durchs Val Salata. An der Wegteilung nahe der Sennes-Hütte wenden wir uns nach rechts und folgen dem holprigen Karrenweg, der über die *Fossesalpe* direkt zur Seekofel-Hütte führt.

Der *Seekofel* ist der schönste Aussichtsberg der gesamten Pragser Dolomiten. Er ist für jeden einigermaßen Geübten zugänglich. Ein Drahtseil an der schmalen Stelle des Gipfelgrats erleichtert den Aufstieg. Vom Stützpunkt wenden wir uns nördlich zu einem Joch, das sich »Porta sora al Forn« nennt. Der Weg führt ziemlich steil aufwärts über den anfangs felsigen und dann grasbewachsenen Südostgrat zur breiten Gipfelabdachung und weiter zum höchsten Punkt. Großartig liegt die Welt der Dolomiten vor uns. In der Ferne sind der Großglockner, die Schobergruppe, die Berge der Zillertaler, Stubaier und Ötztaler Alpen zu sehen, im Westen die Eisriesen der Ortler- und Adamellogruppe. Das Ganze rundet der Blick von den 1300 Meter hohen Nordwänden hinunter zum tiefgrünen Pragser Wildsee ab.

Die *Kleine Gaisl*, die Schwester der wuchtigen Hohen Gaisl, wollen wir besteigen. Orientierungssinn und Trittsicherheit sind wesentliche Voraussetzungen! Von unserem Stützpunkt wenden wir uns östlich schräg aufwärts zur *Forcella di Cocodai*. Die Markierung 28, bisher gute Richtungshilfe, endet am Wandfuß der Remeda Rossa, der Roten Wand. Ab hier dient der Westliche Ausläufer der Kleinen Gaisl, das sogenannte Fosseshorn zur weiteren Orientierung. Deutliche Begehungsspuren bringen uns über Geröll dorthin, und beliebig geht es dann in östlicher Richtung zum eigentlichen Gipfelrücken der Kleinen Gaisl. Von hier ist der Schlußanstieg zur höchsten Stelle des Berges nicht mehr allzu schwer.

Der Übergang von der *Seekofel-* zur *Sennes-Hütte* ist kurz, der Aufstieg zum *Monte Sella di Sennes* unschwierig, aber müh-

Die Besteigung der Hohen Gaisl (Croda Rossa) ist nicht für den Bergwanderer gedacht, dafür bietet sich die Kleine Gaisl an.

Seite 78 Besonders eindrucksvoll und fotogen präsentiert sich das Cristallomassiv von der Plätzwiese aus.

sam. Dieser Berg stellt mit seinen 2787 Metern die höchste Erhebung im westlichen Teil der Pragser Dolomiten dar. Von der Sennes-Hütte wird zunächst dem Karrenweg in nördlicher Richtung gefolgt. An der ersten deutlichen Wegteilung geht es nach links zu einer schon von weitem sichtbaren Hinweistafel. Diese dirigiert uns nordwestwärts über die sattgrünen Wiesenteppiche der *Sennesalpe* und über eine felsdurchsetzte Grasschulter zur markanten Geländefurche. Hier gelangt man an die östliche Basis des Monte Sella. An der Mündung des Schuttstroms steigen wir schräg links nach oben und in dem folgenden Blockwerk durch ödes, tristes Gelände zu dem nach Süden geneigten Gipfeldach. Vom schlichten Holzkreuz öffnet sich der Blick über die ausgedehnte Sennesalpe und über die formschönen Gruppen der Dolomiten hinweg bis zu den in der Ferne schimmernden Firnhäuptern der Zentralalpen. Wir können nun wieder auf derselben Route zur Sennes-Hütte zurückkehren oder im östlichen, weglosen Abstieg in einen Geröllkessel über das Sennesplateau den Markierungen 24 und 23 folgen, die zur Seekofel-Hütte führen.

Der Weg zur Plätzwiese mit dem neu errichteten Hotel und der schlichteren *Dürrenstein-Hütte* ist eine Bereicherung unseres Tourenprogramms. Vom Stützpunkt führt die Nummer 28 zur *Forcella Cocodai.* Kurz darauf lassen wir uns von der Markierung 3 in östlicher Richtung zur Hütte der Roßalm leiten. Das Gaislkar und der breite Schuttstrom der Schlechtgaisl werden gequert. Phantastisch die roten, zerklüfteten Wände der Hohen Gaisl, die Drei Zinnen und der Zwölferkofel! Der letzte Abschnitt des Weges führt schließlich zu den lieblichen Almen der Plätzwiese und auf einem Sträßchen zum Gasthaus »Plätzwiese« oder weiter in südöstlicher Richtung zur Dürrenstein-Hütte.

Touristische Angaben

Talorte: *St. Vigil in Enneberg* (1201 m), Fremdenverkehrsort, von Bruneck ins Abteital und in Zwischenwasser ins Val di Marebbe abzweigen, etwa 18 Kilometer. *Niederdorf* (1157 m) im Pustertal und der bekannte Fremdenverkehrsort *Cortina d'Ampezzo* (1211 m).

Unterkünfte: *Seekofel-Hütte* (2300 m), Club Alpino Italiano; Sektion Treviso. Bewirtschaftet von Ende Juni bis 20. September. 18 Betten und 20 Lager, elektrisches Licht und Gaslicht. Hüttenwirt: Hans Brunner, Niederdorf 79. Telefon: 0474-75119. Vom Pragser Wildsee in 3½ Stunden zu erreichen. Von St. Vigil in Enneberg auf der Fahrstraße durch das Rautal zum Rifugio Pederü, 3½stündiger Aufstieg. Von Cortina auf der Staatsstraße Nr. 51 in Richtung Toblach. Abzweigung nach ungefähr 15 Kilometern zur Stua-Alm; unschwieriger Hüttenweg, 2½ Stunden. *Sennes-Hütte* (2116 m), privat; AV-Ermäßigung. Bewirtschaftet vom 10. Juni bis 1. Oktober, 30 Betten und 10 Lager. Von der Seekofel-Hütte 1 Stunde. *Dürrenstein-Hütte* (2040 m), privat. Ganzjährig geöffnet, 16 Betten und 16 Lager. Von der Seekofel-Hütte 4 bis 5 Stunden entfernt.

Bergtouren: *Seekofel* (2810 m), 1½ Stunden; *Kleine Gaisl* (2857 m), nur für Geübte, 2½ Stunden; *Monte Sella di Sennes* (2787 m), Orientierungssinn erforderlich, 3 Stunden ab Sennes-Hütte.

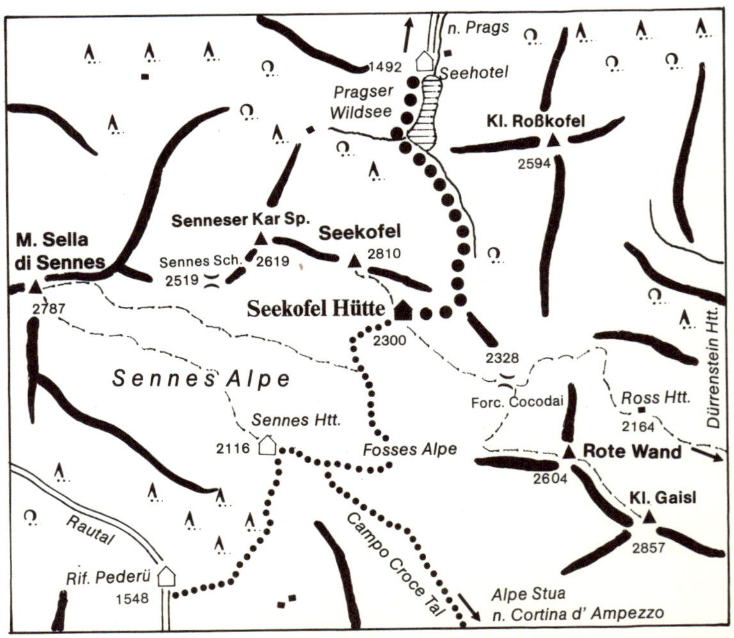

Der mehrfach gespaltene Torre Grande strebt mit 160 Metern aus einer steinigen Hochfläche empor. Er ist die höchste Erhebung in der originellen Gruppe der Fünf Türme.

Seite 79 Äußerst lohnend gestaltet sich der Aufstieg zum Nuvolau (2575 m). Trotzig erhebt sich über der Falzaregopaßstraße die gewaltige Südwand der Tofana di Rozes – verschwindend klein dagegen wirkt die Felsgruppe der Cinque Torri.

Rifugio Cinque Torri

Im Cortineser Klettergarten, 2137 m

Die seltsamen Türme der Cinque Torri gleichen den unvollendeten und bereits verfallenen Resten einer Skulpturengruppe. Sie bestehen aus zerfallenem Hauptdolomit und werden zu der kleinen Nuvolaugruppe gezählt. Aufgegliedert in Torre Grande, der »Große Turm«, Torre Seconda oder Torre Romana, in der Nachbarschaft Torre del Barancio und Torre Lusy, Torre Terza oder Torre Latina, Torre Quarta oder Torre Andrea, und der schlanke, geneigte Torre Inglese, sind sie der ideale Klettergarten für die Cortineser. Zahlreiche Führen sämtlicher Schwierigkeitsgrade durchziehen die Wände.
Am 4. Oktober 1904 wurde das Rifugio Cinque Torri am Fuße des Torre Grande eingeweiht. Felsakrobatik par excellence kann man hier, wie von einem Logenplatz aus, beobachten. In den sechziger Jahren hat der Hüttenwirt, der das Rifugio 41 Jahre lang bewirtschaftete, einen Speisesaal selbst angebaut. Sein Sohn führt das Schutzhaus in der alten Tradition weiter. Die Fotos von König Umberto von Italien, der im Oktober 1917 die Hütte besuchte, um die Kampfhandlungen im Falzaregogebiet zu beobachten, sind sein ganzer Stolz.

Für den Aufstieg zur Hütte bieten sich mehrere Möglichkeiten, wie die Wanderkarte zeigt. Der kürzeste Weg zweigt südlich, in etwa 1700 Meter Höhe, von der Falzaregopaßstraße ab. Ein Sträßchen, das zum Leid aller Bergfreunde befahren werden darf, schlängelt sich im Wald empor und führt, zuletzt sehr aussichtsreich, direkt vor das Rifugio Cinque Torri. Als Entschädigung dafür ergeben sich über der Waldgrenze fotogene Motive am höchsten der fünf Türme, am faszinierenden Torre Grande.
Noch schneller ist unser Stützpunkt zu erreichen, wenn wir den Sessellift zum Rifugio Scoiattoli zu Hilfe nehmen und 15 Minuten absteigen; aber wollen wir das?
Der längste und interessanteste Weg beginnt auf der *Giaupaßhöhe.* Nordöstlich steigen wir über Grasböden hinüber zum östlichen Wandfuß der La Gusela. Von dort leitet die Route in einer breiten Steilrinne empor zum verkarsteten Gipfelplateau des Berges. Obwohl Seilsicherungen angebracht sind, hat es bis hierher viel Schweiß gekostet. Nun streben wir dem steilen Grat zu, der vom Nuvolaugipfel herüberzieht. An einem fest fixierten Drahtseil hanteln wir uns hinauf und stehen bald darauf auf der höchsten Stelle des Berges, den die Nuvolau-Hütte ziert. Das Schutzhaus, früher unter dem Namen »Sachsendank-Hütte« bekannt, wurde bereits in den Anfängen des Alpinismus, im Jahre 1883, von der Sektion Ampezzo errichtet. Es gehört, zusammen mit der Drei-Zinnen-Hütte, zu den ersten Schutzhütten, die der Deutsch-Österreichische Alpenverein in den Dolomiten errichtete. Imposante Rundschau zur Gralsburg des Monte Pelmo, über die eisgepanzerte Marmolada, zum Rosengarten, zur sagenumwobenen Fanisgruppe, zur gelbrot gefärbten Südwand der Tofana di Rozes und bis zu den Bergen um Cortina. Ein besonderes Erlebnis sind hier die stimmungsvollen Sonnenauf- und Sonnenuntergänge. Von der Fülle der Eindrücke und einem guten Essen gestärkt, können wir nun den Weitermarsch antreten. Auf dem schrofigen Nordrücken des Nuvolau senkt sich jetzt der bequeme Weg und bringt uns in leichtem Gefälle zum schon sichtbaren Rifugio Cinque Torri.
Als erstes Ziel lockt der *Torre Grande.* Kletterfertigkeit ist hier selbstverständlich angebracht. Von unserem Stützpunkt, dem Rifugio Cinque Torri, steigen wir zunächst bergauf zum westseitigen Wandfuß des Torre Grande. In dem breiten Riß zwischen seiner Nord- und Westspitze wird hinaufgeklettert bis zur Madonna, die in einer Felsnische steht. Von hier geht es links an einer Seilsicherung, die angebracht wurde, nachdem im Winter 1940 ein Stück Fels abgebrochen war, zur sogenannten Terrasse, danach in eine blockgefüllte Schlucht und durch einen Kamin zum geräumigen Nordgipfel.
Nach diesem Gipfelsieg wenden wir uns dem Averau, dem höchsten Berg in der Nuvolaugruppe, zu. Vom Rifugio Cinque Torri zieht ein deutlich gekennzeichneter Weg zuerst westlich und an der zweiten Verzweigung in südwestlicher Richtung hinauf zur Liftstation in der *Forcella Nuvolau.* Hier wählen wir den Weg, den die Erstersteiger R. Issler und S. Siorpaes, ein Ampezzaner Bergführer, im Jahre 1874 nah-

Nur das Flugzeug gestattet diese Perspektive auf die Cinque Torri, den Klettergarten der Cortineser.

men. Sie stiegen nordwestwärts bis zum Fußpunkt der Ostschlucht des Averau empor, durchkletterten einen kurzen Kamin und erreichten anschließend durch das schutterfüllte Kar den höchsten Gipfelpunkt. Diese Route ist heute der Normalaufstieg und im unteren Teil durch Drahtseile entschärft.

Bei längerem Hüttenaufenthalt ist die Wanderung zwischen den »Fünf Türmen« hindurch besonders zu empfehlen. Von unserem Stützpunkt gelangen wir in einem weiten Linksbogen auf deutlichen Steigspuren in den nach Norden zu offenen Felskessel, den Torre Quarta, Torre Terza, Torre Grande und Torre Seconda umrahmen. Wer Lust hat, kann von hier aus den *Torre Terza* besteigen. In losem Gestein zieht nordwestlich ein Steiglein, das von den Begehungsspuren der Kletterer herrührt, hinauf zur kleinen Scharte zwischen Torre Terza im Süden und Torre Quarta im Norden. Jetzt beginnt linker Hand, auf der schrägen Nordostseite des Torre Terza, im gut griffigen Fels die unterhaltsame kurze Kletterei. Vom latschenbestandenen Gipfel ergibt sich dann ein Überblick über die Lage der anderen interessanten Felstürme. Gegenüber fällt die mächtige Südwand der Tofana di Rozes auf und links davon der Castelletto, was übersetzt »Schlößchen« heißt. Im Ersten Weltkrieg erlangte diese Felsbarriere, die wie eine mächtige mittelalterliche Mauer oberhalb der Straße von Cortina zum Falzaregopaß den Eingang ins obere Travenanzestal versperrt, große strategische Bedeutung.

Nach dem Abstieg führen von der kleinen Scharte Steigspuren südwärts zur Einkerbung zwischen Torre Grande und den südlichen Ausläufern des Torre Terza empor und nach links über den Wiesenrücken zurück zum Ausgangspunkt.

Touristische Angaben

Talorte: *Cortina d'Ampezzo* (1211 m), bekannter Fremdenverkehrsort an der Großen Dolomitenstraße mit einem dichten Netz von komfortablen Hotels und Pensionen. *St. Kassian* (1537 m) – Straße zum Valparolapaß –, von Stern im Abteital ca. 4 Kilometer entfernt. *Caprile* (1023 m), im Cordevoletal, an der Mündung von Pettorina- und Fiorentinatal gelegen, bietet eine weitere Zugangsvariante zum Giaupaß.

Unterkünfte: *Rifugio Cinque Torri* (2137 m), privat. Bewirtschaftet vom 1. Juni bis Ende September, 15 Betten und 4 Lager, elektrisches Licht. Hüttenwirt: Uberto Alberti, Zuel 45, Cortina d'Ampezzo. Hüttentelefon: 0436-29 02. Von der Falzaregopaßstraße ist die Hütte in 1¼ Stunden zu erreichen, von der Giaupaßhöhe in 2 Stunden. *Rifugio Nuvolau* (2575 m), Club Alpino Italiano; Sektion Cortina. Bewirtschaftet vom 15. Juni bis 30. September, 13 Betten und 10 Lager. *Rifugio Scoiattoli* (2230 m), privat. Bewirtschaftet vom 1. Juli bis 20. September, 15 Betten. *Rifugio Palmieri* (2042 m), Club Alpino Italiano; Sektion Cortina. Bewirtschaftet vom 20. Juni bis 20. September, 12 Betten und 22 Lager. 2½ Stunden vom Rifugio Cinque Torri entfernt.

Bergtouren: *Nuvolau* (2575 m), in 1 Stunde leicht zu besteigen, *Torre Grande* (2366 m) für Klettergewandte im Schwierigkeitsgrad I+, in 1½ Stunden, *Averau* (2648 m), etwas Kletterfertigkeit notwendig, in 1½ Stunden und *Torre Terza* (Torre Latina), in 1 Stunde ersteigbar.

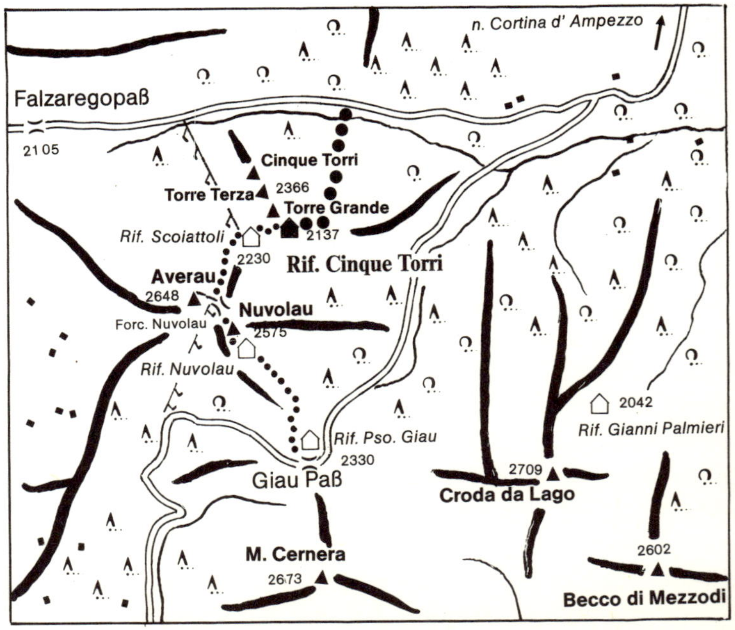

RIFUGIO G PALMIERI
CRODA DA LAGO
M. 2066

Das Rifugio Gianni Palmieri zählt zu den schönstgelegenen Hütten an der Dolomiten-Höhenroute △1.

Rifugio Gianni Palmieri

Dreh- und Angelpunkt an der Croda da Lago, 2042 m

Der Gebirgsstock der Croda da Lago stellt sich dem Betrachter von jeder Seite anders vor. Von Zuel, südlich von Cortina d'Ampezzo, gleicht er einem Urweltriff, von der Forcella Staulanza sind die einzelnen Türme in ihrer mächtigen Schlankheit zu erkennen, und von der Falzaregopaßstraße aus erscheinen die Gipfel, in sich vereint, wie ein mächtiger gotischer Dom, der bei Sonnenuntergang noch einmal in seiner ganzen Pracht erstrahlt. Mit 2715 Meter Höhe erreicht die südlichste Erhebung, die doppelgipfelige Cima d'Amprizzola, den höchsten Punkt. Sie ist zugleich der am leichtesten ersteigbare Gipfel und wurde schon im Jahre 1878 zum erstenmal betreten.

Vom Westen gesehen präsentieren sich Cima Bassa da Lago, Croda da Lago und der Campanile Innerkofler, den der berühmte Bergführer Michl Innerkofler im Jahre 1884 mit der unternehmungslustigen ungarischen Baronesse Rolanda von Eötvös zum erstenmal erstieg. Campanile Federa, Ago da Lago, Punta Adi und Cima d'Amprizzola, um die wichtigsten Berge zu nennen – schließen sich an.

An der Nordostseite der Croda da Lago erwarb 1905 die Sektion Reichenberg des Deutsch-Österreichischen Alpenvereins ein privates Unterkunftshaus, das sie zur »Reichenberger Hütte« umgestaltete und knapp vor Ausbruch des Ersten Weltkrieges noch erweiterte. Im Jahre 1919 wurde es nach dem gefallenen Goldmedaillenträger Gianni Palmieri aus Bologna umbenannt. Der kleine, verträumte Federasee, der zum Verweilen einlädt, befindet sich unmittelbar beim Schutzhaus. Bedingt durch die Dolomiten-Höhenroute △1 und die Nähe Cortinas herrscht hier am Tage oft lebhafter Betrieb, abends dagegen wird es wieder ruhiger.

Unser Ausgangsort ist *Cortina d'Ampezzo*. Vier bekannte Zufahrtstraßen treffen hier zusammen: die Straße vom Tre-Croci-Paß, die Große Dolomitenstraße, die Straße aus dem Cadore und die Straße von Toblach. Von *Campo di Sotto*, im südlichsten Teil Cortinas, halten wir uns ab dem Hotel »Tiziano« an den steinigen Karrenweg, der in südwestlicher Richtung über den Costeanabach führt und sich im schattigen Hochwald emporwindet. Nach der *Federabachbrücke* wird er zunehmend steiler, bis am Ende des Waldes der Blick frei wird zu den wildromantischen Ostabstürzen in der Croda-da-Lago-Gruppe. Anschließend zieht unser Weg in mäßiger Steigung an der *Federaalm* vorbei und zuletzt in einer weiten Rechtsschleife zu dem am Südufer des Lago Federa stehenden Rifugio Palmieri.

Auch von der *Giaupaßstraße* aus, und zwar auf der Cortina zugewandten Seite, kann das Rifugio Palmieri erreicht werden. In etwa 1700 Meter Höhe zweigt östlich der bequeme Weg 437 ab, dem wir folgen, bis er sich nach 30 Gehminuten mit dem Weg 434 vereinigt. Diese neue Markierung bringt uns durch herrlichen Bergwald steil ansteigend zum *Cason di Formin* und im Anschluß daran flacher zur Ostseite der Croda-da-Lago-Gruppe. Der weitere Weg führt nun über baumbestandene Wiesen in südlicher Richtung. Die Schönheit der Natur zwingt immer wieder zu Rast und Bewunderung. Unmittelbar vor uns liegt der tiefblaue Federasee und im Hintergrund der »Uhrzeiger von Cortina«, der Becco di Mezzodi. Wir wandern am linken Seeufer entlang und erreichen bald das nahe Schutzhaus Palmieri.

Zuerst wenden wir uns der Umwanderung der Croda-da-Lago-Gruppe zu. Vom Rifugio Palmieri aus gehen wir ein kurzes Stück hinunter zum Südufer des *Federasees*, wo Markierung 435 südlich bergauf zur breiten *Forcella Amprizzola* führt. Von dieser einmalig schönen Aussichtswarte leitet der deutlich erkennbare Weg in nordwestlicher Richtung zu einer weiteren Einschartung, zur 2462 Meter hohen *Forcella di Lastoni* (je nach Kondition können wir aus der Scharte den Monte Formin in 1½ Stunden besteigen; weglos nach Westen auf felsigen Platten und Schrofen über die gegen Nordosten geneigte Hochfläche zur höchsten Stelle). Dort weisen rotweiße Farbzeichen nördlich abwärts zum Rande des Waldes, der den unteren Teil des Val Formin ausfüllt. Während des Abstiegs werden wir immer wieder von den Ausblikken, insbesondere zu den westseitigen Bergen der Croda-da-Lago-Gruppe, gefesselt. Wenn man verschiedenen Autoren Glauben schenken darf, zählt diese Gruppe zu den beliebtesten fotografischen Motiven der gesamten Dolomiten. Um die Rundwanderung fortzusetzen, schlagen wir bei der Einmündung des Weges, der von der Giaupaßstraße

Lastoni di Formin, Croda da Lago und im Hintergrund der Monte Pelmo; Aufnahmestandpunkt beim Rifugio Pomedes.

Seite 88 Der Becco di Mezzodi, der »Uhrzeiger von Cortina«, ist in leichter Kletterei (Schwierigkeitsgrad I–II) über die Südwestwand zu ersteigen.

herüberzieht, die südöstliche Richtung ein. Steil ist der folgende Abschnitt des Weges, und herrlich sind die Durchblicke, die sich zwischen den Lärchen und duftenden Zirben zum Nuvolau, Averau, zu den Cinque Torri und den Tofanen ergeben. Schließlich gelangen wir vom *Cason di Formin* durch Wald und am Fuß der Ostwände der umwanderten Croda-da-Lago-Gruppe zurück zu unserem Ausgangspunkt.

Als nächste leichte Bergtour empfehlen wir die Besteigung der *Rocchetta di Prendera*. Die westliche Rocchettaspitze, die höchste Erhebung des mehrgipfeligen Felskammes, der sich östlich vom Becco di Mezzodi erstreckt, ist bereits von unserem Stützpunkt aus zu erkennen. Zunächst folgen wir dem Weg, der in Richtung *Forcella Amprizzola* führt. Kurz unterhalb der Scharte sind deutliche Begehungsspuren zu sehen, denen wir südöstlich nachgehen. Sie leiten schräg über den nordseitigen Geröllhang des Becco di Mezzodi und über leichte Felsabsätze aufwärts zu einem weiten Sattel und nach links zur höchsten Stelle des Berges, die von einer Steindaube markiert wird. Die Rundschau, die sich von hier zu zahlreichen bekannten Bergen in den Ampezzaner Dolomiten ergibt, ist eindrucksvoll!

Der *Becco di Mezzodi*, der »Uhrzeiger von Cortina«, ist in netter, unterhaltsamer Kletterei über die Südwestwand zu ersteigen. Von der *Forcella Amprizzola*, dem Berührungspunkt mancher unserer Wanderungen, steigen wir über den Geröllsockel, der den Westsporn des Becco di Mezzodi umschließt, aufwärts zu einem markanten, quadratischen Felsblock. Der weitere Aufstieg zum fast höchsten Punkt des Schuttkegels, der nach Süden abfällt, erfordert noch einige Mühe. Unterhalb eines charakteristischen Gratzackens gelangt man in einen kurzen, waagrechten Quergang und nach rechts zum Fuße einer steilen Rinne, die von zwei engen Kaminen durchzogen wird. In den rechten Kamin steigen wir ein. An seinem Ende bildet ein weiterer längerer Kamin die natürliche Fortsetzung. Etwa in halber Höhe stellt sich uns ein glatter Felsblock in den Weg. Nach seiner Überwindung leiten brüchige Felsen zum Grat hinauf und in Kürze zur höchsten Spitze des Berges.

Touristische Angaben

Talort: *Cortina d'Ampezzo* (1211 m), Fremdenverkehrszentrum.
Unterkünfte: *Rifugio Palmieri* (2042 m), Club Alpino Italiano; Sektion Cortina d'Ampezzo. Bewirtschaftet vom 20. Juni bis 20. September, 12 Betten und 22 Lager, elektrisches Licht. Hüttenwirt: Renato Siorpaes, Pezie 106, Cortina d'Ampezzo. Hüttentelefon: 0436-2085. Von Campo di Sotto in 2¾ Stunden oder von der Giaupaßstraße (1700 m) in 2 Stunden zu erreichen. *Rifugio Citta di Fiume* (1918 m), Club Alpino Italiano; Sektion Fiume. Bewirtschaftet vom 10. Juni bis 20. September, 28 Betten. Vom Rifugio Palmieri 2½ Stunden.
Bergtouren: *Rocchetta di Prendera* (2495 m), einfache Bergtour, 2 Stunden; *Becco di Mezzodi* (2602 m), Aufstieg 2 Stunden, Schwierigkeitsgrad I bis II.
Rundwanderung: *Croda-da-Lago-Gruppe*, 3½–4 Stunden. *Monte Formin* (2653 m), von der Forcella di Lastoni 1½ Stunden.

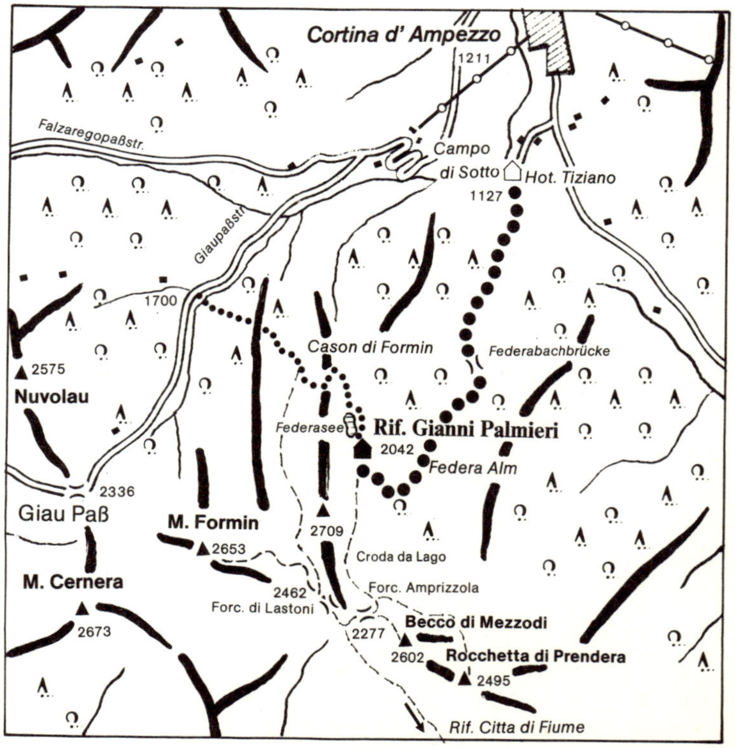

Rifugio Venezia al Pelmo. Der kürzeste Hüttenweg beginnt am nördlichen Ortsrand des idyllisch gelegenen Bergdörfchens Zoppe di Cadore.

Seite 89 Auf dem Ball-Band, der Schlüsselstelle für den Normalaufstieg zum Monte Pelmo, 3168 Meter.

Rifugio Venezia al Pelmo Alba Maria de Luca

In den Zoldiner Dolomiten, 1946 m

Im Jahre 1857 wurde in London der erste Bergsteigerverein der Welt gegründet. Der Präsident hieß John Ball. Seine Bergreisen galten hauptsächlich geologischen und botanischen Studien. Er war aber auch im Sinne der hochalpinen Erschließung tätig und führte Gipfelbesteigungen aus. Am 19. September 1857 erstieg er den Monte Pelmo, und damit begann die hochtouristische Erschließung der Dolomiten. Die von ihrer Umgebung losgelöste, turmartige Form des Monte Pelmo könne man, sagte John Ball, in den Alpen nicht noch einmal finden. In Begleitung eines einheimischen Gemsenjägers machte er sich damals auf den Weg. Sie folgten einem waagrechten Band, heute »Ball-Band« genannt. Bei der ersten Unterbrechung erklärte sein Begleiter, hier sei die Ersteigung zu Ende, niemand könne hier mehr weiter. Ball hatte die Unbeholfenheit seines Begleiters bald bemerkt. Wie eine Katze geduckt ging er weiter, der Gemsenjäger faßte wieder Mut und folgte nach. Bald war das Band zu Ende und das Hochkar erreicht. Am Gipfelgrat packte den »kühnen« Jäger abermals das Grauen; er blieb zurück. Ball ging allein weiter; er erkannte das Gelände richtig und erreichte den Gipfel. Dort sah er kein Zeichen früherer menschlicher Anwesenheit, nur eine einsame Welt von Spitzen, Zinnen, Zacken, Graten und Wänden.

Heute steht für die Besteigung des Monte Pelmo eine freundliche, der Landschaft angepaßte Schutzhütte nahe dem Campi di Rutorto zur Verfügung. Die Hütte war im Zweiten Weltkrieg zerstört worden. Nach dem Neubau erhielt das Rifugio Venezia, wie es früher hieß, den Zusatznamen »al Pelmo Alba Maria de Luca«. Es ist gut bewirtschaftet und der ideale Stützpunkt für alle Wanderungen in diesem landschaftlich großartigen Gebiet.

Von dem im *Val Mareson* idyllisch gelegenen Bergdörfchen *Zoppe di Cadore* nimmt unser Hüttenweg seinen Anfang. Genau in der Ortsmitte lassen wir unseren »fahrbaren Untersatz« stehen, und weiter geht es per pedes bis zum nördlichen Ortsrand. Nun links über eine Brücke und zum bezeichneten Weg 471, der in nordwestlicher Richtung verläuft. Der folgende Aufstieg ist steil und führt größtenteils durch dichten Hangwald. Jenseits des Waldes werden wir mit der Sicht zum »Thron der Götter«, wie der Monte Pelmo auch genannt wird, belohnt. Die Führung übernimmt ab jetzt eine ehemalige Kriegsstraße, die hinaufzieht zum Wiesensattel des *Campi di Rutorto.* Überraschend stellen sich im Süden die Pramper Dolomiten vor, im Osten die markanten Karnischen Voralpen, im Nordosten der gigantische Antelao, anschließend die Berge der Marmarole, die Sorapis und im Norden die Felsberge der Cristallogruppe. Rast und Rundschau belohnen hier den steilen Aufstieg. Das *Rifugio Venezia al Pelmo* ist schon sichtbar und bald erreicht.

Bei kaum einer anderen Fahrt ergeben sich so viele landschaftliche Eindrücke wie von *Selva di Cadore* zur *Forcella Staulanza.* Die Straße führt durch das obere Fiorentinatal mit einer Höchststeigung von 10% zur Paßhöhe. Diesmal ist Markierung 472 unser Wegbegleiter für den abwechslungsreichen Zugang zu unserem Stützpunkt. In südwestlicher Richtung gelangen wir durch Wald und Krummholz unter den Wänden des 2990 Meter hohen Pelmetto – der kleine Bruder des Monte Pelmo – entlang zur Rasenkuppe des *Col delle Crepe.* Der Weg, von dem sich herrliche Ausblicke zur Civetta bieten, ist genau vorgezeichnet. Er führt in einem ausholenden Linksbogen um den südlichen Wandfuß des Monte Pelmo herum und über den *Campi di Rutorto* zur Hütte.

Der Höhepunkt unseres Tourenprogramms ist die Besteigung des *Monte Pelmo.* Trittsicher, schwindelfrei und ausdauernd müssen wir schon sein! Am Schutzhaus führt Markierung 480 ein kurzes Stück nordwestwärts durch Latschen und über Gesteinsschutt zum Fußpunkt der Pelmo-Ostwand. Rote Farbzeichen leiten von hier zum Ball-Band, der Schlüsselstelle für den Aufstieg zur höchsten Spitze. Die erste Schwierigkeit, die zu überwinden ist, bringt eine Verengung des Felsbandes, bezeichnet als »Passo dello Stemma«. Eine weitere heikle Passage ist der »Passo del Gatto«. Zwei Haken sind dort angebracht – sie haben aber eher die Aufgabe der Beruhigung als der tatsächlichen Sicherung! Am Ende des Bandes wird der Blick frei zur gigantischen Felskulisse im Pelmomassiv. Steindauben geben die Aufstiegsrichtung an. Mit viel Kraftaufwand erreichen wir über das Firn-

Von allen Seiten zeigt sich der Monte Pelmo als eigenwillige Berggestalt.

becken und den ausgesetzten Gipfelgrat die höchste Stelle des Berges, die von einer kleinen, weißen Madonna markiert wird. Der Ausblick ist einer der schönsten in den Dolomiten; ihn zu beschreiben müßte man Poet sein, ein Realist sagt: »Einmalig!«

Sollte für Sie die Besteigung des Monte Pelmo nicht in Frage kommen, wie wäre es dann mit dem Übergang zum *Rifugio Citta di Fiume?* Diese Hütte steht an der Nordseite des Pelmomassivs in unmittelbarer Nähe der ehemaligen Malga Durona. Hochalpin ist die Tour, eigentlich genau das, was sich passionierte Wanderer wünschen. Von unserem Stützpunkt aus, dem Rifugio Venezia, wenden wir uns dem mit der Markierung 480 versehenen Weg zu, der in fast nördlicher Richtung hochführt zu einer kleinen Scharte, die zwischen der Cima Val d'Arcia und einem vorgelagerten Felssporn liegt. Hier senkt sich der Weg, entlang am nordöstlichen Wandfuß der Cima Val d'Arcia, von wo er sich wieder emporwindet zu einer weiteren Einschartung, der sogenannten *Forcella Val d'Arcia.* Ruhig und einsam ist es hier oben. Die Stille wird nur durch das Rauschen des Windes unterbrochen. Von diesem beschaulichen Rastplatz geht es jenseits der Scharte bergab in den oberen Karboden des *Val d'Arcia* und an dessen rechter Seite talaus an den Rand einer wilden, steilen Schlucht. Der Abstieg in dem lockeren Gestein verlangt gutes Gehvermögen. Im Mündungsteil der Schlucht halten wir uns rechts und steigen auf zur begrünten *Forcella Forada.* Westwärts wandern wir zwischen Lärchen dahin, bis der Weg schließlich am Rifugio Citta di Fiume, dem Ziel des Tages, endet.

Touristische Angaben

Talorte: *Zoppe di Cadore* (1461 m), malerisch gelegenes Bergdorf mit herrlichen Ausblicken zu den Südwänden im Pelmomassiv. Von Longarone auf der Staatsstraße Nr. 251 nach etwa 27 Kilometer zu erreichen oder von Norden über die Forcella Staulanza nach 24 Kilometer. *Selva die Cadore* (1267 m), Hauptort des Fiorentinatales, vom Giaupaß 11,5 und von Caprile am Alleghesee 9 Kilometer entfernt.

Unterkünfte: *Rifugio Venezia al Pelmo Alba Maria de Luca* (1946 m), Club Alpino Italiano; Sektion Venezia. Bewirtschaftet vom 20. Juni bis Ende September, 32 Betten und 30 Lager, elektrisches Licht. Hüttenwirt: Vittore de Luca, Villanova di Borca di Cadore. Hüttentelefon: 0436-96 84. Von Zoppe di Cadore ist die Hütte in 1½ Stunden erreichbar, von der Forcella Staulanza in 2½ Stunden. *Rifugio Citta di Fiume* (1918 m), Club Alpino Italiano; Sektion Fiume. Bewirtschaftet vom 10. Juni bis 20. September, 28 Betten. Vom Rifugio Venezia in 3½stündiger Wanderung zu erreichen. *Rifugio »A. Sonino« al Coldai* (2135 m), Club Alpino Italiano; Sektion Venezia. Bewirtschaftet von Mitte Juni bis Ende September, 50 Betten und 30 Lager. Vom Rifugio Venezia 3½ bis 4 Stunden entfernt.

Bergtour: *Monte Pelmo* (3168 m), nur Bergerfahrene sollten die Besteigung durchführen; mit 5 Stunden Aufstieg ist zu rechnen; Schwierigkeitsgrad I. Größte Vorsicht ist bei aufkommendem Nebel geboten, hierbei sind die spärlich aufgestellten Steindauben unbedingt zu beachten.

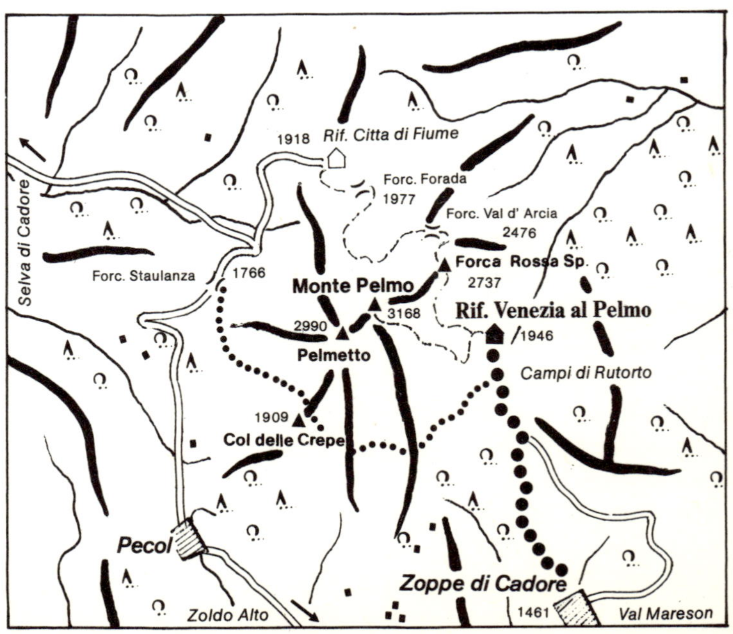

Die stark frequentierte Coldai-Hütte, Treffpunkt für Klettersteigaspiranten.

Rifugio »Adolfo Sonino« al Coldai

Knotenpunkt am Civettamassiv, 2135 m

Am Fuße der mächtigen Civetta-Nordwestwand liegt der malerische Fremdenverkehrsort Alleghe – südländisch, farbig und quicklebendig. Vom gleichnamigen See, der im Jahre 1771 nach einem Bergsturz entstand, ergeben sich die schönsten Ausblicke zu den eindrucksvollen Wandfluchten der Civetta, die den Ort um 2000 Meter überragen. Eine grandiose Kulisse, wie wir sie in den Dolomiten nicht mehr finden!

2135 Meter hoch befindet sich unser Stützpunkt, das Rifugio »Adolfo Sonino« al Coldai. Im Jahre 1905 wurde die Coldai-Hütte, wie sie im deutschen Sprachgebrauch genannt wird, von der Sektion Venezia am Nordrand der Civetta erbaut. Der anfangs kleine Stützpunkt wurde im Zweiten Weltkrieg zerstört, später wieder größer und moderner aufgebaut. Die Lage der Hütte ist grandios, besonders imponiert der riesenhafte Monte Pelmo im Osten und der Tiefblick ins Zoldiner Tal.

In der Ortsmitte von *Alleghe,* in der Via Coldai, beginnt unser Hüttenaufstieg. Markierung 564 führt ostwärts zu den Häusern der *Fraktion Fontanive,* links über einen Wiesenhang und am Nordhang des Monte Coldai in abwechslungsreicher Wanderung empor zum breiten Wiesensattel der *Forcella d'Alleghe.* Kurz ist der jenseitige Aufstieg zur *Casera Pioda* und nicht mehr zu verfehlen der Weg, der sich gegen Südwesten in Serpentinen an den Felsen des Monte Coldai bergauf schlängelt zur *Coldai-Hütte.*

Kürzer ist der Aufstieg direkt von der *Casera Pioda,* die mit dem Auto zu erreichen ist. Von der *Forcella Staulanza* fahren wir zunächst nach Süden und biegen bei der *Canedobrücke* rechts ab. Schottrig ist das Sträßchen, das zur Casera emporführt. Der schon erwähnte Weg bringt uns von dort in einer knappen Stunde zur Coldai-Hütte.

Zuerst besteigen wir den Hausberg der Hütte, den Monte Coldai. Nordwestlich führt ein verfallener Kriegssteig in Serpentinen zu einer Wiesenfläche empor. Von hier leiten Steigspuren über geröllbedeckte Felsstufen und durch eine enge Steinrinne zum gitterkreuzgeschmückten Gipfel.

Einer der schönsten Wege in den Dolomiten ist der Übergang von der Coldai-Hütte zum *Rifugio Vazzoler.* Er ist in jedem Dolomitenführer zu finden und soll auch hier nicht fehlen. Glanzpunkte landschaftlicher Architektur begleiten uns auf dieser Route. Vom Schutzhaus westlich, der Markierung 560 folgend, zur *Forcella Coldai* und in kurzem Abstieg zum dunkelgrünen *Coldaisee,* der zum Träumen einlädt. Wir aber wollen weiter zur *Forcella Col Negro di Coldai,* die bald erreicht ist. Der Weg leitet abwärts, es folgt eine flache Querung, und der Aufstieg über steile Grashänge zur *Forcella Col Rean* ist geschafft. Rechts geht es ziemlich steil zum *Rifugio Attilio Tissi* hinauf, das einen Besuch wert ist. Die Hütte trägt den Namen des im Jahre 1959 am Torre Lavaredo abgestürzten Belluneser Kletterers Tissi. Den eisenkreuzgeschmückten Gipfel des *Col Rean* erreichen wir in kurzem Aufstieg. Hier bietet sich uns ein eindrucksvolles Panorama: im Südwesten die Palagruppe vom Monte Agner bis zum Monte Mulaz, Brentagruppe, Marmolada, Langkofel-, Sella-, Puezgruppe, der Peitlerkofel, die leuchtenden Firngipfel der südlichen Stubaier Alpen, Hochfeiler und Möseler, Col di Lana; im Norden Kreuzkofel, Fanisgruppe und Tofanen, Croda da Lago, Cristallo, Drei Zinnen und zuletzt der Zwölferkofel. Die Nahblicke fesseln nochmals: Die gigantische Wandflucht der Civetta-Nordwestwand und der schwindelerregende Tiefblick zum Alleghesee vollenden den unvergeßlichen Rundblick.

Zurück zum Weg mit der Markierung 560 und südwestwärts ins sogenannte *Val Civetta,* das uns durch abwechslungsreiches Gelände zum *Rifugio Vazzoler* am Col Negro bringt. Die Hütte wurde im Jahre 1929 eingeweiht. Auch diese Wanderung war mit Glanzpunkten gespickt. Besonders überwältigend ist der Blick zum Torre Venezia, zum Torre Trieste und immer wieder zur Civetta-Nordwestwand. Sie war Triumph und Niederlage für manchen guten Felsgeher und wird es wohl auch noch in Zukunft sein. Das Rifugio Vazzoler ist Stützpunkt für den anspruchsvollen Aufstieg auf die Civetta über den Klettersteig »A. Tissi«. Die Civetta wurde schon früh erstiegen. Im Jahre 1855 betrat vermutlich der Gemsenjäger Simeone de Silvestro als erster den Gipfel. Von der »Wand aller Wände«, vom »schönsten Berg der Welt« sprach man einst in der alpinen Literatur.

Recht ungewöhnlich ist die Ansicht der Civetta von Nordosten.

Seite 98 Während eines Rundfluges fotografiert: die Wand der Wände, die Civetta-Nordwestwand.

Die großartige Hochgebirgswanderung zu der am Südfuß der Moiazzaberge liegenden *Schutzhütte Bruto Carestiato* ist besonders zu empfehlen. Von dem *Rifugio Vazzoler* wandern wir zunächst ostwärts talab zur zweiten markierten Weggabelung. Hier zweigt links das mit 554 bezeichnete Steiglein ab, das durch Latschen unter den Westabstürzen der Moiazzaberge hinauf zur Scharte am Col Palanzin führt. Aus der Scharte streben wir nun in stetem Auf und Ab der *Forcella del Camp* zu. Jenseits bringt uns der Weg erst nördlich durch lichten Wald und im Anschluß daran in südöstlicher Richtung zu einer weiteren Wegverzweigung. Der Abstieg nach *Agordo* ist hier möglich. Wir aber gehen links durch schütteren Bergwald und unter den Südwänden der Cima Moiazza Sud und der Cima delle Masenade empor zum Rifugio Carestiato. Wenn wir uns hier nach der Markierung 549 richten, ist der Übergang zum *Duranpaß* in 45 Minuten zu schaffen.

Eine weitere Tourenvariante ist die Umwanderung des Civettamassivs auf der Ostseite. Vom *Rifugio Vazzoler* folgen wir dem Weg, der uns zum Klettersteig »A. Tissi« bringt. Im Hochkar *Van delle Sasse* wenden wir uns dann aber östlich und erreichen etwas mühsam die *Forcella delle Sasse* in 2476 Meter Höhe. Die Markierung 557 ist nun unser Wegweiser. Ein steiler Abstieg und die nördliche, lange Querung der Civetta-Ostseite beenden den sechsstündigen Übergang, der wenig begangen wird. Vino rosso und pasta asciutta auf der Coldai-Hütte schmecken nach dieser langen, beschwerlichen Tour besonders gut.

Touristische Angaben

Talort: *Alleghe* (978 m), am östlichen Ufer des gleichnamigen Sees gelegener Fremdenverkehrsort, 45 Kilometer von Cortina d'Ampezzo, über den Passo di Giau erreichbar.

Unterkünfte: *Rifugio »Adolfo Sonino« al Coldai* (2135 m), Club Alpino Italiano; Sektion Venezia. Bewirtschaftet von Mitte Juni bis Ende September, 50 Betten und 30 Lager, elektrisches Licht. Hüttenwirt: Renato de Zordo, Masarè-Alleghe. Hüttentelefon: 0437-789160. Von Alleghe in 3 Stunden zu erreichen, von der Piodaalm in 45 Minuten. *Rifugio Attilio Tissi* (2281 m), Club Alpino Italiano; Sektion Belluno. Bewirtschaftet vom 20. Juni bis 30. September, 36 Betten und 12 Lager. Vom Rifugio Coldai in 2stündiger Wanderung zu erreichen. *Rifugio Vazzoler* (1714 m), Club Alpino Italiano; Sektion Conegliano. Bewirtschaftet vom 20. Juni bis 20. September, 45 Betten und 30 Lager. Vom Rifugio Coldai in 5 bis 6 Stunden zu erreichen. *Rifugio Bruto Carestiato* (1933 m), Club Alpino Italiano; Sektion Agordo. Bewirtschaftet von Anfang Juni bis Ende September, 30 Betten. Vom Rifugio Vazzoler in 4 Stunden zu erreichen. Der Passo Duran ist 45 Minuten entfernt. Busverbindung nach Forno di Zoldo und Agordo nur in den Sommermonaten möglich.

Bergtouren: *Col Rean* (2281 m), einfache Bergwanderung, über das Rifugio Attilio Tissi, 2 Stunden; *Monte Coldai* (2396 m), 1 Stunde, etwas Trittsicherheit erforderlich.

Bergwanderung: Vom *Rifugio Vazzoler* über das *Hochkar Van delle Sasse* in 6 Stunden zurück zum *Rifugio Coldai.*

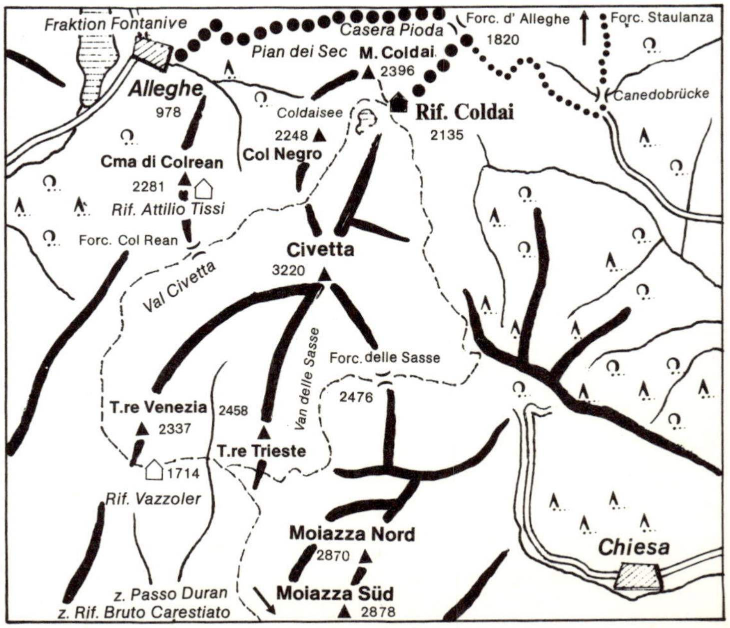

Interessante landschaftliche Erlebnisse vermittelt die »Via ferrata Ivano Dibona«. Diese Steiganlage, die dem italienischen Frontverlauf des Ersten Weltkrieges folgt, erfordert Bergerfahrung und Ausdauer.

Seite 99 Unterwegs auf dem Dibonaweg. So allerdings sollte man Klettersteige nicht begehen!

Rifugio Guido Lorenzi

Adlerhorst in der Forcella Staunies, 2932 m

Das blaue Licht des Monte Cristallo ist erloschen! Nach einer alten Legende kannte nur das verfemte, fremde Mädchen Junta den Weg nach oben zum blauen Licht, das in klaren Vollmondnächten weit in das Tal hineinleuchtete. Viele, vor allem junge Burschen suchten es, fanden jedoch den Weg nicht und stürzten in den schroffen Felsen ab. Schuld an ihrem Tod gab man Junta. Als die Bauern sie nach einem erneuten tödlichen Unfall steinigen wollten, floh sie hinauf in die Berge. Ein fremder Maler, vom Zauber des Mädchens gefangen, folgte ihrer Spur und blieb bei ihr in der einsamen Höhe. In einer Vollmondnacht, als Junta wieder zum Gipfel aufstieg, folgte er ihr und fand sie, wie entrückt, zwischen blauglänzenden Kristallen in einer Grotte. Um die Unschuld des Mädchens zu beweisen, zeigte der Maler den Dorfbewohnern den Weg zum Cristallo. Diese beuteten die Grotte aus und zerstörten dadurch das blaue Licht. Junta aber fand man tot am Fuße des Berges. – »Das blaue Licht«, ein Film nach der Legende mit Leni Riefenstahl, entstand 1932.

Wir kehren in die Wirklichkeit zurück und begeben uns zum Stützpunkt. Zwei Möglichkeiten bieten sich: die schnellste und bequemste ist die mit dem Lift. Auf der Dolomitenstraße von Cortina d'Ampezzo fahren wir nordöstlich in Richtung Misurina. Unterhalb des *Tre-Croci-Passes* befindet sich die Talstation mit Parkplatz. Bequem schwebt man mit dem Doppelsessellift hinauf zur *Mittelstation Somforca* und weiter zum *Rifugio Franchetti* in 2235 Meter Höhe. Die letzten 700 Höhenmeter werden dann in Stehgondeln für zwei Personen überwunden. Verzichten wir auf diese Hilfen, steht uns ein dreieinhalbstündiger Aufstieg bevor. Direkt vom *Tre-Croci-Paß* wenden wir unsere Schritte nordwestwärts. Markierung 203 übernimmt die Führung und leitet uns zur Lift-Mittelstation Somforca. Fast nördlich beginnt dann der recht mühsame Aufstieg zur *Forcella Staunies* und zum Stützpunkt. Die Hütte wurde 1958 erbaut in einmalig schöner Lage, direkt an der Forcella Staunies in fast 3000 Meter Höhe. Umfassende Rundschau zu den Sextener Dolomiten und ins Talbecken von Cortina; auffallend ist die turmähnliche Gestalt des Piz Popena. Im Jahre 1975 wurde die Lorenzi-Hütte erweitert beziehungsweise umgebaut. Die erste Seilbahn wurde 1957 in Betrieb genommen und 1970 modernisiert.

Der Hüttenberg, der Cristallo-Mittelgipfel (Cima di Mezzo, 3154 Meter), ist in leichter Kletterei zu bezwingen, zumal er mit Drahtseilen und zwei Eisenleitern entschärft wurde. Beim Schutzhaus beginnt der Klettersteig, der sich »Marino Bianchi« nennt. Südöstlich müssen wir den zackigen Nordwestgrat auf zwei Eisenleitern und in teilweise luftiger Kletterei überwinden, ehe wir auf den breiten Grat treffen, der uns zum schuttbedeckten Gipfel führt. Der Höhenunterschied beträgt ungefähr 230 Meter.

Wir können wählen zwischen zwei weiteren Klettersteigen, der »Via ferrata Ivano Dibona«, die dem italienischen Frontverlauf im Ersten Weltkrieg entspricht, und dem schwereren »Renato de Pol«, der die österreichische Frontlinie markiert. Bergwanderer mit wenig Klettersteigerfahrung sollten sich der »Via ferrata Ivano Dibona« anvertrauen. Wenn Sie trittsicher, ausdauernd und schwindelfrei sind, liegt der hochalpinen Unternehmung nichts mehr im Wege. Entlang der gut versicherten Route von der Forcella Staunies bis zum Col dei Stombi ergeben sich immer wieder phantastische Ausblicke auf die Berge rund um Cortina und zu anderen unverkennbaren Felsgestalten in den Dolomiten. Vom *Rifugio Guido Lorenzi* begeben wir uns erst einmal zur Bergstation in der *Stauniesscharte.* Von dort auf Treppen, über eine Leiter und durch die Galerie »Gecchina« zu einer kühn angelegten Hängebrücke. Sie ist 26 Meter lang. Auf der anderen Seite leitet uns der Steig mit fixen Seilen am Cristallo-Kamm entlang und dann mit weiteren Steighilfen hinab zur *Forcella Grande.* Die Via Ferrata wendet sich nun leicht ansteigend gegen Südwesten, umgeht die Cresta Bianca auf der Südflanke und erreicht die *Forcella Padeon,* die in 2760 Meter Höhe liegt. Man sieht verfallene Unterstände, links eine neu errichtete Holzbaracke und die Überreste einer Seilbahn, die einst vom Val Padeon Nachschub lieferte. Die Steiganlage führt hernach auf Felsbändern, die mit Halteseilen versehen sind, zur 2718 Meter hoch gelegenen *Forcella*

In einer Höhe von fast dreitausend Metern, an der Forcella Staunies, liegt das Rifugio Guido Lorenzi, der einzige Stützpunkt im gesamten Cristallomassiv.

Alta. Nun müssen wir südlich in einer Schuttrinne weglos absteigen, bis rote Farbzeichen scharf rechts hinauf zur 2467 Meter hohen *Forcella Bassa* leiten. Nordwestwärts bringt uns der Dibonaweg auf den Kamm des Zurlon und anschließend zur gleichnamigen Forcella. Von da steigen wir abwärts zum *Col di Stombi,* auf altem Kriegsweg in den Grund des Val Grande und nördlich talaus zum *Gasthaus Ospitale.* Bei Schlechtwettereinbruch kann die Tour nach Süden ins Val Padeon von folgenden Punkten abgebrochen werden: von der Forcella Grande, Forcella Padeon, Forcella Alta und Forcella Bassa.
Die Hängebrücke bleibt uns auch beim Klettersteig »Renato de Pol« nicht erspart; wir müssen zur Forcella Grande, wie beim Dibonaweg. Auf der Forcella geht es nun aber nördlich ins sogenannte *Gravon del Forame.* Über Firn und Geröll erreichen wir die *Forcella Verde* in 2380 Meter Höhe mit einem Gedenkstein und Wegweiser. Hierher könnte man auch von der Forcella Staunies über den Cresta-Bianca-Firn kommen, was jedoch nicht zu empfehlen ist. Beim Gedenkstein beginnt nun der eigentliche Klettersteig, der nordwestlich zur *Forcella Gialla* (2400 m) und zum Crestone führt. Bei der kleinen, noch gut erhaltenen Holzbaracke müssen wir steil über Gesteinsschutt absteigen. Unterhalb der Westabstürze der Punta del Forame geht es dann wieder über schuttbedecktes Gelände aufwärts zur sogenannten *Selletta Divisoria.* Über die grasbewachsene Südostwand erreichen wir nun endlich links die *Punta Ovest del Forame,* 2385 Meter hoch, im Ersten Weltkrieg auch Schimpkekopf genannt nach einem gefallenen österreichischen Offizier. Jetzt wird der Weg schwerer, und eine Eigensicherung kann gute Dienste leisten. Drahtseile leiten abwärts in die Steilschlucht zum »Salto superiore«. Nochmals steht uns eine Schlucht und ein mit Eisenstiften versicherter Kamin bevor, der uns zum sogenannten »Salto inferiore« bringt. Schrofige Bänder leiten an der »Schwarzen Wand«, wieder mit Drahtseilen gesichert, zum Excomando Austriaco. Der latschenbewachsene Nordausläufer der Forame de Fora zieht zu den Tre Fori – ehemaliges italienisches Kommando, bestehend aus drei Kavernen – steil durch den Bergwald, bis wir endlich den Bahnkörper der ehemaligen Schmalspurbahn vorfinden und in südwestlicher Richtung zum *Gasthaus Ospitale* kommen. Nach sechsstündiger Tour haben wir uns ein kühles Bier wohl verdient.

Touristische Angaben

Talorte: *Cortina d'Ampezzo* (1211 m). *Misurina* (1756 m), Hotelkolonie am gleichnamigen See.
Unterkunft: *Rifugio Guido Lorenzi* (2932 m), privat. Bewirtschaftet von Anfang Juli bis Ende September, 12 Betten und 14 Lager, elektrisches Licht. Hüttenwirt: Benjamino Franceschi, Cademai 11, Cortina d'Ampezzo. Hüttentelefon: 0436-66196. Vom Tre-Croci-Paß zu Fuß in 3½ Stunden oder mit der Seilbahn zu erreichen.
Klettersteige: *Cristallo-Mittelgipfel* (3154 m) in 1½ Stunden, Klettererfahrung erforderlich; *»Via ferrato Ivano Dibona«,* Bergerfahrung, Trittsicherheit und Schwindelfreiheit erforderlich, 5 bis 6 Stunden; *»Via ferrata Renato de Pol«,* Bergerfahrung und etwas Klettergewandtheit erforderlich, 6 Stunden.

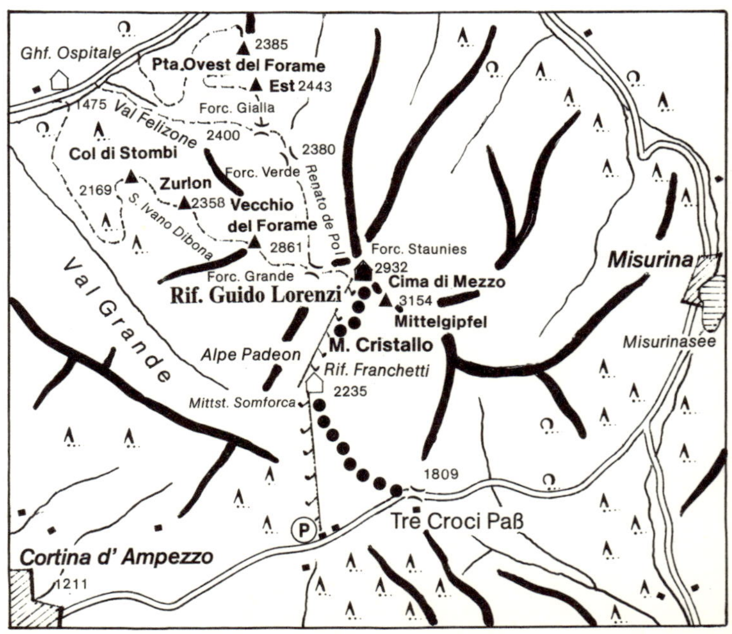

CLUB A PINO ITALIANO - SEZ. di VENEZIA

Zu Füßen der Tre Sorelle und des markanten Dito di Dio steht im landschaftlich großartigen Felskessel »Circo del Sorapis« das Rifugio Vandelli al Sorapis.

Rifugio Vandelli al Sorapis

Unter dem »Finger Gottes«, 1929 m

Cortina d'Ampezzo hat im Jahre 1956 die VII. Olympischen Winterspiele ausgerichtet. Als Fremdenverkehrszentrum genießt der Ort weit über die Grenzen Italiens hinaus internationalen Ruf. Nicht zuletzt trug dazu seine herrliche Lage sowie das ausgezeichnete trockene und gesunde Klima bei. Bergbahnen und eine Anzahl von Schutzhütten bieten den Feriengästen eine Vielfalt von Möglichkeiten, die Bergwelt der Ampezzaner Dolomiten kennenzulernen.

Auch wir wollen, der Bequemlichkeit halber, die Faloria-Seilbahn zu Hilfe nehmen, um das Rifugio Vandelli zu erreichen. In 2343 Meter Höhe verlassen wir, nach zweimaligem Umsteigen, an der Bergstation »Tondi di Faloria« die Stehgondeln und folgen in südöstlicher Richtung dem markierten Weg, der über den Felsrücken des Crepedel zur *Forcella Faloria* führt. Von dort leiten Hinweistafeln mit unterschiedlichen Markierungsangaben (216 + 223) empor zur *Forcella del Cadin*, nach links zur Scharte Malquoira und jenseits sehr steil hinab in den Grund der *Cadinalpe*. Im Wiederanstieg erreichen wir ein schmales, versichertes Felsband, das um den Nordsporn der Cima del Laudo Est herumführt. Hier ist bereits im Süden das Schutzhaus zu sehen. Noch steht uns der Abstieg in den Sorapiskessel bevor, bis wir die gut geführte Hütte erreichen.
Weitaus schneller ist das Rifugio Vandelli vom *Tre-Croci-Paß* aus zu erreichen. Von der Paßhöhe gehen wir zunächst auf der abfallenden Straße in Richtung Misurina und wenden uns nach etwa 300 Meter an der Hinweistafel nach rechts. Ab hier übernimmt der Dolomiten-Höhenweg ③ die weitere Führung, meist durch herrlichen Nadelwald, hoch über dem Sorapistal. Eine felsige, steile Wandstufe in der Ostflanke der Cima del Laudo Est scheint unüberwindbar zu sein. Steighilfen erleichtern es uns, dieses Hindernis zu bezwingen. Anschließend geht es im sanfteren Gelände zum Sorapisbach und nach links in Kürze hinauf zur Hütte.
Die Sektion Pfalzgau des Deutsch-Österreichischen Alpenvereins errichtete im Jahre 1891 an der Nordseite der Sorapis die Pfalzgau-Hütte. Die kleine Unterkunft (6 Lager) wurde 1895 von einer Lawine zerstört. Wieder aufgebaut, fiel sie den Wirren des Ersten Weltkrieges zum Opfer. Unweit des Sorapissees erstellte die Sektion Venezia des Club Alpino Italiano im Jahre 1924 das Rifugio Cesare Luigi Luzzatti, das auch den Namen »Sorapis-Hütte« führte und 1959 durch einen Brand zerstört wurde. 1965 errichtete dieselbe Sektion das heutige *Rifugio Alfonso Vandelli al Sorapis,* benannt nach einem verdienten Mitglied des CAI. Das Schutzhaus steht in dem landschaftlich großartigen Felskessel »Circo del Sorapis« nahe dem malachitgrünen See, von dem sich die markante Felsgestalt des Dito di Dio (Finger Gottes) fast 700 Meter erhebt. Die recht geräumige Hütte wird von einer Materialseilbahn aus dem Val Sorapis versorgt. Sie ist unser Ausgangspunkt für die großartigen Klettersteige »Via ferrata Francesco Berti«, »Via ferrata Alfonso Vandelli« und für den Höhenweg »Carlo Minazio«.
Diese anspruchsvollen Klettersteige, die es gestatten, den gesamten Sorapisstock zu umwandern, zählen zu den schönsten Steiganlagen in den Ostalpen. Bei Schlechtwettereinbruch bieten zwei Biwakschachteln Schutz. Für das eindrucksvolle Vorhaben sollte man sich mindestens zwei Tage Zeit lassen. Von der Hütte weisen uns Wegtafeln nach Süden zum Beginn der *»Via ferrata Alfonso Vandelli«.* Am westseitigen Wandfuß des Corno Sorelle müssen wir das erstemal unsere Schwindelfreiheit beweisen. Eisenleitern und Drahtseile leiten rasch zu einem ausgeprägten Felsband, das die fast senkrechte Westwand der Croda del Fogo schräg nach oben durchzieht. In luftiger Kletterei bringt uns dieses Band, das mehrfach unterbrochen ist, zum Nordgrat der Croda del Fogo. Jenseits des Grates führt die Via ferrata weiter über steile Grashänge abwärts und zuletzt über eine Steilstufe zur Biwakschachtel »Comici«. Je nach Tageszeit und körperlicher Verfassung kann nun der Höhenweg »Carlo Minazio« bis zum Rifugio San Marco angeschlossen werden. Er zieht anfangs in östlicher Richtung bergab, dann an einer Wegkreuzung südlich im Geröll empor zur *Forcella del Banco* und schließlich südwestwärts über die *Forcella Alta del Banco* in einen steilen Kamin. Leichte Kletterei bringt uns zum tiefer gelegenen, latschenbestandenen Band »Cengia Inferiore dei Colli Neri«, dem wir hoch über dem Valle di

Am Bivacco Slataper. Ausgangspunkt für Punta Sorapis, Fopa di Mattia und Croda Marcora sowie zur »Via ferrata Francesco Berti«.

Seite 108 Orientierungshilfen auf der Forcella Grande; rechts der Torre Sabbioni.

San Vito, gegen Süden zu, folgen. Phantastisch sind die Ausblicke zur gegenüberliegenden Marmarolegruppe! Nach dieser Traversierung durch fast senkrechte Wandfluchten der Tre Sorelle (Drei Schwestern) geht es schließlich über geröllbedeckte Felsen talwärts zum deutlich sichtbaren Weg im oberen Valle di San Vito und nach rechts aufsteigend über die aussichtsreich gelegene *Forcella Grande* zum Rifugio San Marco. Das letzte und zugleich interessanteste Teilstück der »Sorapisumwanderung« führt über das Bivacco Slataper zur *»Via ferrata Francesco Berti«* und dort wieder zurück zum Rifugio Vandelli. In umgekehrter Richtung ist diese Tour beschrieben bei Luis Trenker/Helmut Dumler »Die schönsten Höhenwege der Dolomiten«.
Die drei Hauptgipfel im Sorapisstock, Punta Sorapis, Fopa di Mattia und Croda Marcora, sind von Süden her für den versierten Bergsteiger relativ leicht zu ersteigen. Auf den *Sorapishauptgipfel* vollzieht sich der Normalaufstieg auf jener Route, die die Erstersteiger Paul Grohmann, Antonio Dimai und Francesco Lacedelli am 16. September 1864 für den Abstieg benützten. Vom *Bivacco Slataper* wenden wir uns im Geröllkar »Fond de Rusecco« zum Wandfuß der Punta Sorapis und steigen dort, genau in der Gipfelfallinie des Berges, in den steilen Felsen ein. Bald darauf geht es durch einen Kamin mit Klemmblock, der die schwierigste Stelle der gesamten Führe darstellt, in eine Schlucht, die vom Grat zwischen Fopa di Mattia und Punta Sorapis herabzieht. Wir verlassen sie im oberen Teil nach rechts und steigen zuletzt ohne viel Mühe zur höchsten Erhebung im Sorapisstock empor. Das Auge ist geblendet von dem Gipfelmeer, das sich hier zur Schau stellt: Ganz nah sind im Westen die Marmarolegruppe und im Südosten der gigantische Antelao zu sehen, im Südwesten der Monte Pelmo und die Civetta, im Westen die Marmolada, im Norden die Tofanen, der Cristallo und die unverkennbaren Sextener Dolomiten.

Touristische Angaben

Talorte: *Cortina d'Ampezzo* (1211 m), wichtigster Fremdenverkehrsort in den Dolomiten. *Misurina* (1756 m).

Unterkünfte: *Rifugio Vandelli al Sorapis* (1929 m), Club Alpino Italiano; Sektion Venezia. Bewirtschaftet vom 20. Juni bis 20. September, 27 Betten und 28 Lager, Gas- und elektrisches Licht. Hüttenwirt: Luciano Zandegiacomo, Via Ligonto 3, Auronzo. Hüttentelefon: 0436-8220. Von der Bergstation »Tondi di Faloria« in 2½ Stunden zu erreichen oder vom Tre-Croci-Paß in 1½ Stunden. *Rifugio San Marco* (1840 m), Club Alpino Italiano; Sektion Venezia. Bewirtschaftet vom 20. Juni bis 30. September, 20 Betten und 20 Lager, Gas- und Petroleumlicht.
Klettersteige: *»Via ferrata Alfonso Vandelli«* – Bivacco Comici (9 Schlafplätze), 3 Stunden; *Höhenweg »Carlo Minazio«* – Rifugio San Marco, 4 bis 5 Stunden; vom Rifugio San Marco auf der *»Via ferrata Francesco Berti«* in 6 Stunden zurück zum Rifugio Vandelli.
Bergtour: Vom Bivacco Slataper (9 Schlafplätze) zur *Punta Sorapis* (3205 m), Schwierigkeitsgrat I bis II, in etwa 2½ Stunden.
Talwanderung: Durch das *Val Sorapis* zum Hotel Cristallo im Val d'Ansiei, 1½ Stunden.

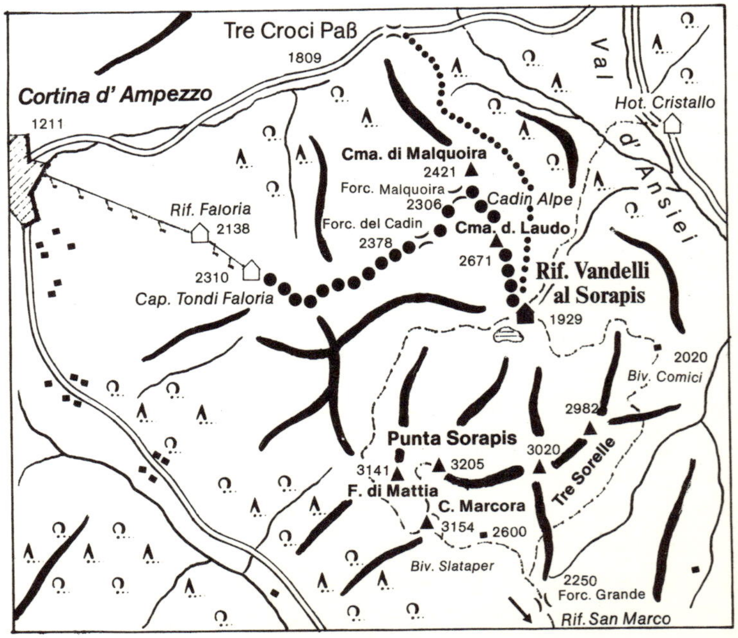

VAL. DI S. VITO -
- PALUS S. MARCO
BIV. VOLTOLINA
BIV. COMICI - RIF. VANDELLI
226
BIV. SLATAPER
- FERR. BERTI
246

Einer der wichtigsten Stützpunkte für die Besteigung des Antelao ist das geräumige Rifugio Galassi, am Nordfuß des höchsten Berges der östlichen Dolomiten gelegen.

Seite 109 Auf der Forcella Piccola – Übergang zum Rifugio Chiggiato. Im Westen, über dem Boitetal, erhebt sich der 3168 Meter hohe Monte Pelmo, Aussichtsloge ersten Ranges.

Rifugio San Marco

Zünftige Bergsteigerunterkunft, 1840 m

Das Rifugio San Marco zählt, wie das Rifugio Vandelli, zu den wichtigsten Stützpunkten für die Begehung der teilweise recht kühn angelegten Klettersteige in der Sorapisgruppe. Selbstverständlich übt auch die höchste Erhebung in den östlichen Dolomiten, der Antelao, große Anziehungskraft aus. An Wochenenden ist daher stets mit Überfüllung zu rechnen; Ausweichquartier mag dann die Galassi-Hütte sein, eine gute Gehstunde entfernt. Die im Jahre 1895 erbaute San-Marco-Hütte liegt an der Südseite der Forcella Grande, in aussichtsreicher Lage auf dem Col de chi da Os. Der Stützpunkt wird vom Club Alpino Italiano, Sektion Venezia, betreut und kann trotz des geringen Komforts als recht zünftige Bergsteigerunterkunft angesehen werden.

Der einfachste und zugleich bequemste Anstieg zur Hütte beginnt in *San Vito di Cadore.* Hinweistafeln leiten den Autofahrer gegenüber der Pfarrkirche mit ihren fünf Altären und Bildern von Francesco Vacellio aus dem Jahre 1524 auf ein Sträßchen, das bis in eine Höhe von 1500 Meter befahren werden kann. Zu Fuß würde man für dieselbe Wegstrecke eineinhalb Stunden benötigen. Markierzeichen führen von den Parkgelegenheiten nordwestlich zum bewaldeten Hang des *Col de chi da Os* und zu dem weiterführenden Steig, der sich in engen Windungen zur Schutzhütte emporschraubt.
Am reizvollsten ist es, zuerst den »König der Dolomiten«, den Antelao, zu besteigen. Der firngekrönte Gipfel ruft das ampezzanisch-cadorische Märchen in Erinnerung, demzufolge diese Stelle der Lieblingssitz der großen Winterfürstin Samblàna ist. Frei nach K. Felix Wolff sendet die Fürstin Botinnen, die sogenannten Yemèles, aus, um die Menschen vor drohenden Gefahren zu warnen.
Zu den Erstersteigern des Antelao zählt kein Geringerer als der Dolomitenpionier Paul Grohmann. Er vollbrachte die großartige alpine Leistung am 18. September 1863 gemeinsam mit dem Gemsenjäger Mateo Ossi, dem Ampezzaner Führer Francesco Lacedelli und dessen Neffen Alessandro. Ossi behauptete damals, bereits früher den Antelaogipfel betreten zu haben; dies war aber laut Grohmanns Tourenbericht nicht der Fall: Nachdem Ossi kurz vor den Gipfelfelsen den Weiterweg nicht kannte, mußte er kleinlaut zugeben, nie vorher auf dem Gipfel gewesen zu sein.
Die Besteigung des *»Königs der Dolomiten«* sollte nicht unterschätzt werden. Früher Aufbruch, ein gehöriges Maß an Ausdauer und hochalpine Erfahrung sind Voraussetzung! Als Ausrüstungsgegenstände sollten, je nach Wetterlage, Seil, Eispickel und Steigeisen mitgenommen werden. Von der Hütte wenden wir uns dem Steig zu, der ostwärts zur *Forcella Piccola* führt. Bei der Wegtafel mit der Aufschrift »Via Normale Antelao« geht es gegen Süden in das weit geöffnete Schuttkar und von dort zu den gebänderten Felsstufen (Gedenktafel), die den Einstieg ankündigen. In leichter Schrofenkletterei erreicht man den zerklüfteten Nordgrat und im Anschluß daran stark geneigte Plattenschüsse, die sogenannten Laste. Seichte Erosionsrinnen erleichtern das Vorankommen. Besondere Vorsicht ist jedoch bei Vereisung geboten! Steindauben leiten schließlich in die Nähe der versteckt gelegenen Biwakschachtel »Piero Cosi« in 3111 Meter Höhe. Markierzeichen übernehmen von da an wieder die weitere Führung. Über terrassenartige Felsstufen, durch einen kurzen Kamin zum Vorgipfel und zuletzt über eine Scharte hinweg wird nach fünfstündigem Aufstieg die höchste Stelle des Berges erreicht. Unvergeßlich bleibt das Panorama, das wir hier, in 3263 Meter Höhe, erleben: Ganz nah der Kranz der Dolomiten, im Norden die Eisriesen der Hohen Tauern und die Firngipfel der Zillertaler, Stubaier und Ötztaler Alpen, im Westen die Adamello- und Ortlergruppe; im Osten sind schemenhaft die Julischen Alpen zu erkennen und bei ganz guter Sicht im Süden sogar die Adria.
Für jene Wanderer, die sich die Besteigung des Antelao nicht zutrauen, noch einige lohnende Tourenvorschläge:
Ein besonders schöner Weg führt über die *Forcella Piccola* zum *Rifugio Chiggiato.* Dieser Stützpunkt bietet sich als Zwischenstation für den Weiterweg zum *Rifugio Baion* an oder für Unternehmungen in der Marmarolegruppe. Von der *Forcella Piccola* führt der Steig 227 am *Rifugio Galassi* vorbei und in engen Windungen talwärts zur *Capanna degli Alpini* bei 1395 Meter. Hier wandern wir im *Valle d'Oten* weiter tal-

Im Anstieg zum Antelao, Ausblick nach Norden zu den Ampezzaner Dolomiten; im Vordergrund markiert die charakteristische Wolkenformation die Croda Marcora (Sorapisgruppe).

aus, bis das schottrige Sträßchen nach Südosten schwenkt. In Kürze wird nun eine Hinweistafel erreicht, von der nördlich ein Steig abzweigt, der uns in langgezogenen Steilkehren empor zu dem am *Col Negro* gelegenen *Rifugio Chiggiato* des Club Alpino Italiano bringt.

Ebenfalls über die Forcella Piccola, genauer gesagt am *Rifugio Galassi,* führt ein Teilstück der anspruchsvollen Dolomiten-Höhenroute ⚠5 von Westen nach Osten zum *Rifugio Antelao.* Es bleibt allerdings versierten Bergwanderern vorbehalten. Für weniger Geübte ist die Mitnahme eines Sicherungsseiles empfehlenswert. Die Schlüsselstelle der Antelaodurchquerung befindet sich gleich am Anfang bei dem Nordwestanstieg zur *Forcella Ghiacciaio.* Dabei muß eine etwa 150 Meter hohe, steile, aber versicherte, plattige Wandstufe überwunden werden. Später müssen wir nochmals an einer heiklen Stelle unser alpines Können unter Beweis stellen. Aber dann geht es unschwieriger zum Wiesensattel »Sella di Pradonego«, auf dem das gut geführte Schutzhaus des CAI steht.

Empfehlenswert ist auch der Abstieg ins *Val d'Ansiei.* Von der *San-Marco-Hütte* windet sich ein markierter Steig hinauf zur aussichtsreichen *Forcella Grande* und jenseits, flankiert von markanten Felsgestalten, hinab zum dichten Wald von S. Marco. Ab hier ist die Staatsstraße im Val d'Ansiei bald erreicht, die ostwärts nach *Auronzo* führt.

Touristische Angaben

Talorte: *San Vito di Cadore* (1010 m), Fremdenverkehrsort, von Cortina d'Ampezzo 11 Kilometer entfernt. Auf der Staatsstraße Nr. 51 am einfachsten mit Pkw zu erreichen. Busverbindung von Cortina. *Pieve di Cadore* (878 m), Hauptort im Cadore, Geburtsort des Malers Tizian Vecellio. *Valle di Cadore* (779 m), historischer Ort am Ostufer des Lago di Valle.

Unterkünfte: *Rifugio San Marco* (1840 m), Club Alpino Italiano; Sektion Venezia. Bewirtschaftet vom 20. Juni bis 20. September, 20 Betten und 20 Lager, Gas- und Petroleumlicht. Hüttenwirt: Lucia de Lucia, Via Nazionale, San Vito di Cadore. Hüttentelefon: 0436-9444. Von San Vito in etwa 2½ Stunden zu erreichen. *Rifugio Galassi* (2018 m), Club Alpino Italiano; Sektion di Mestre. Bewirtschaftet von Ende Juni bis Mitte September, 85 Betten und 20 Lager, elektrisches Licht. Hüttentelefon: 0436-9685. Vom Rifugio San Marco 1½ Stunden entfernt. *Rifugio Chiggiato* (1911 m), Club Alpino Italiano; Sektion Venezia. Geöffnet vom 20. Juni bis 20. September, 40 Schlafplätze. Hüttentelefon: 0435-4227. Vom Rifugio San Marco in fünfstündiger Wanderung zu erreichen. *Rifugio Antelao* (1796 m), Club Alpino Italiano; Sektion Treviso. Bewirtschaftet vom 1. Juni bis Ende Oktober, 26 Schlafplätze. In 6 bis 7 Stunden vom Rifugio San Marco zu erreichen, nur für ausdauernde und bergerfahrene Hochtouristen.

Bergtour: *Antelao* (3263 m), Schwierigkeitsgrad I bis II, 5 Stunden, bei Schlechtwettereinbruch bietet die Biwakschachtel »Piero Cosi« (3111 m) 9 Personen Schutz.

Talwanderungen: Vom *Rifugio San Marco* über die *Forcella Grande* ins *Val d'Ansiei,* 4 Stunden; vom *Rifugio Antelao* über die *Forcella Antracisa* nach *Pieve di Cadore* oder *Valle di Cadore,* etwa 3 Stunden.

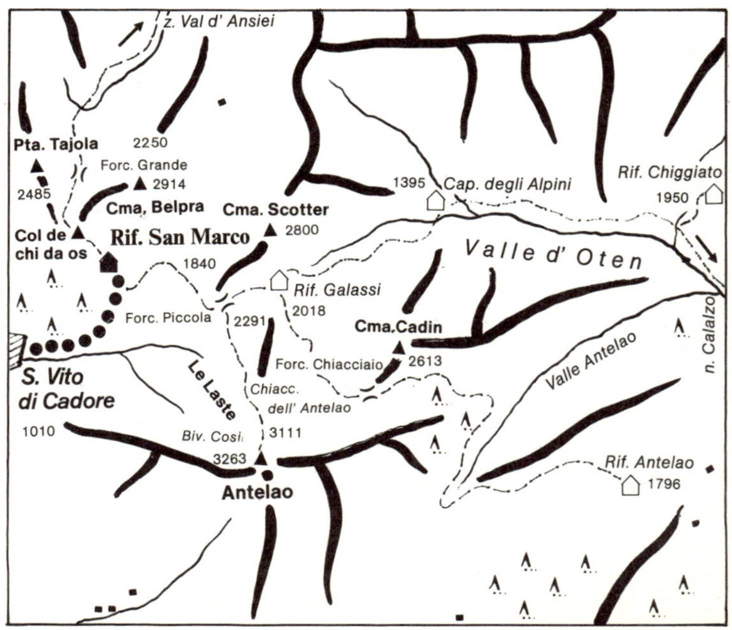

Rifugio Baion mit Monte Ciastelin und Monte Ciareido nach einem Wettersturz im August.

Rifugio Baion

Ehemalige Alm in den Marmarolebergen, 1828 m

Im eigentlichen Sinne gehört die Marmarolegruppe noch zu den östlichen Ampezzaner Dolomiten. Das ungemein rauhe Gebirge ist ausschließlich von den Riffbildungen des Schlerndolomits und von Hauptdolomit geprägt. Geographisch gesehen, werden die Marmaroleberge im Norden und Nordosten vom Val d'Ansiei begrenzt und im Osten durch den Piavefluß. Den Abschluß im Süden bilden das Val d'Oten und die Forcella Piccola, im Westen die Forcella Grande und das Valle di San Vito. Von unterschiedlichen Höhenangaben in den Wanderkarten abgesehen, ergeben sich auch bei Benennung der Gebirgsgruppe Unstimmigkeiten. Die gebräuchlichste Bezeichnung ist heute allerdings »Marmaròle«, obwohl die altampezzanische Form »Marmaròles« lautet.

Schutzhütten sind derzeit nur im Südosten der Marmarole zu verzeichnen. Am bekanntesten dürfte das *Rifugio Baion* sein. Es wurde nach dem Umbau der ehemaligen Casera Baion, was soviel wie Almhütte bedeutet, durch die Initiative der Sektion Domegge im Jahre 1969 zu einer respektablen Schutzhütte umfunktioniert. Mehrere Anstiege, die zum Teil sehr aussichtsreich sind, führen zu diesem Rifugio, das auf dem Wiesensattel zwischen dem Monte Ciastelin und dem wesentlich niederen Colle San Pietro liegt.
Unser Ausgangsort ist zunächst *Lozzo di Cadore.* Hier wenden wir uns dem Bergsträßchen zu, das sich in nordwestlicher Richtung emporwindet zum *Rifugio Marmarole,* von dort nach Südwesten führt und am Rifugio Baion endet.
Ein weiterer Aufstieg beginnt in *Calalzo* oder – besser gesagt – am Talschluß des Val Vedessana. Gemäß der Beschilderung begeben wir uns anfangs zum Bachbett des Rio Vedessant und steigen in diesem oder am Uferrand aufwärts, bis Markierzeichen im schattigen Hochwald zum Rifugio Baion leiten.
Der anspruchsvollste und zugleich schönste Hüttenaufstieg beginnt am malerisch gelegenen *Rifugio Primula.* Bis hierher kann man durchs Val da Rin, von Auronzo aus, fahren. Nun wandern wir talein und schwenken vor dem Holzmarterl, nahe der Casera da Rin, südlich ins *Val Baion.* Der unmarkierte Weg bringt uns in Kürze zu einem Bächlein und am rechten Uferrand flußab. Jetzt heißt es aufpassen! Sobald die zweite schottrige Forststraße gegen Süden zieht, werden wir dieser folgen. Am Ende des Waldes leiten die ersten roten Markierzeichen von einem Schmelzwasserbett links hinauf in die Krummholzregion. Dort übernimmt ein deutlicher, jedoch unmarkierter Steig die weitere Führung. Er schlängelt sich durch dichtes Unterholz und unberührte Waldabschnitte bis zum Talschluß des Val Baion und dann in vielen Kehren bergauf zur *Forcella Baion.* Der anstrengendste Abschnitt des Weges liegt jetzt hinter uns. Wir legen die erste Ruhepause ein. Großartig ist die Schau nach Norden zu den Sextener Dolomiten und zum Antelao, dem zweithöchsten Dolomitenberg, der im Südwesten dominiert. Im Süden sind die gipfelreichen Karnischen Voralpen zu erkennen und ganz in der Nähe die Felswildnis im östlichen Teil der Marmarole. Jetzt vollzieht sich der südseitige Abstieg unproblematisch bis zur querlaufenden Dolomiten-Höhenroute △5, die gegen Osten zu in leichtem Gefälle unter den Südwänden des Monte Ciastelin hinüber zum Rifugio Baion führt.
Erholsam und abwechslungsreich ist die Wanderung zum *Col Vidal,* dem östlichsten Aussichtsbalkon in der Marmarolegruppe. Gerade im Frühsommer wird jeder Naturfreund und Blumenfotograf von der Vielfalt der Alpenblumen begeistert sein. Besonders farbenfroh leuchten die karminroten Bartnelken und goldgelben Felsaurikel, die zartrot leuchtenden Polster der Steinröschen und Mehlprimeln und die zierlichen Blütenkelche der Soldanellen. Gleich vom Rifugio Baion wandern wir nordöstlich auf dem Bergsträßchen zum Rifugio Marmarole. Zuvor weist uns aber eine Wegtafel zu der in schlechtem Zustand befindlichen Militärstraße, die bis zum Gipfel des Col Vidal führt. Trümmer einer Befestigungsanlage, von der Natur schon etwas überwuchert, zeugen von der ehemals strategischen Bedeutung des Berges. Mit einer Aussicht allerersten Ranges werden wir belohnt. Hoch über dem Ansiei- und Piavetal fesseln vier Gebirgszüge den Blick: nordöstlich die markanten Sextener Dolomiten, nördlich der Grenzkamm der Karnischen

Auf der Wanderung zum Col Vidal.
Aussicht am Rifugio Marmarole zum gegenüberliegenden, bizarr geformten Monte Ciarido.

Seite 118 Äußerst reizvoll ist die Wanderung auf dem Dolomiten-Höhenweg △5 zum Rifugio Chiggiato. Dominierende Felsgestalt ist die Croda Bianca.

Alpen, östlich die felsige Brentonigruppe und südlich die bizarren Karnischen Voralpen. Bevor wir zum Rifugio Baion zurückkehren, bietet sich vom Rifugio Marmarole noch der Aufstieg zum *Rifugio Ciareido* an. Er zieht sich zuerst nördlich und auf dem breiten Wiesensattel »Pian de Buoi« in westlicher Richtung zu der im Stil italienischer Almhütten erbauten Unterkunft.

Der Aufstieg zum aussichtsreichen *Colle San Pietro* ist kurz und von der Hütte leicht einzusehen. Prächtig der Ausblick nach Norden zu den Südwänden des Monte Ciastelin und Monte Ciarido und zur westlich gelegenen Croda Bianca!

Anschließend bringt uns vom Rifugio Baion der Dolomiten-Höhenweg △5 zum *Rifugio Chiggiato.* Etwas Schwindelfreiheit und Trittsicherheit sollten wir für einige Passagen mitbringen! Die Route verläuft westwärts in langer Querung auf der vegetationsreichen Südseite der Marmarolegruppe und später in kurzer Steigung über einen Felsabsatz zur Südostkante der Croda Bianca. Hier biegt der Weg nach rechts und führt etwas ausgesetzt bergab ins Hochtal »Vallon del Froppa«, das er nach Südwesten zu wieder verläßt. In dieser Richtung leitet er schließlich weiter bis zum Rifugio Chiggiato, das auf der westseitigen Schulter des bewaldeten Col Negro (Monte Pianezze) liegt. Jetzt haben wir die Möglichkeit, entweder durchs Val d'Oten nach Calalzo ab- oder zum Rifugio Galassi aufzusteigen.

Touristische Angaben

Talorte: *Lozzo di Cadore* (753 m), Fremdenverkehrsort im Piavetal, von Auronzo 8 Kilometer entfernt. *Calalzo* (806 m), Bergdorf an der Mündung des Val d'Oten. *Auronzo* (864 m), malerisch gelegener Fremdenverkehrsort im Val d'Oten.

Unterkünfte: *Rifugio Baion* (1828 m), Club Alpino Italiano; Sektion Domegge di Cadore. Bewirtschaftet vom 20. Juni bis 20. September, 35 Betten und 17 Lager, elektrisches Licht. Hüttenwirt: Giuseppina Ferretti, Via Risorgimento 26, Domegge. Telefon: 0435-72128. Von Lozzo für berggewohnte Fahrer mit Pkw oder zu Fuß in 3½ Stunden zu erreichen; von Calalzo nordwestlich durchs Val d'Oten und nordöstlich ins Val Vedessana in 2½ Stunden; vom Rifugio Primula (keine Übernachtung) im Val da Rin, in 4½ Stunden. *Rifugio Ciareido* (1969 m), Club Alpino Italiano; Sektion Lozzo di Cadore. Bewirtschaftet vom 15. Juni bis Ende September, 40 Schlafplätze. 2 Stunden vom Rifugio Baion entfernt; Abstieg über das Rifugio Primula nach Auronzo, auf dem Dolomiten-Höhenweg △5, in 3½ Stunden. *Rifugio Chiggiato* (1950 m), Club Alpino Italiano; Sektion Venezia. Bewirtschaftet vom 20. Juni bis 20. September, 40 Schlafplätze. 2 Stunden vom Rifugio Baion entfernt; Aufstieg durchs Val d'Oten zum Rifugio Galassi, 4 Stunden. *Rifugio Marmarole* (1786 m), privat. 10 Betten. 45 Minuten vom Rifugio Baion.

Bergwanderungen: *Colle San Pietro* (1855 m), kurzer Hüttenbummel, 10 Minuten; *Col Vidal* (1887 m) leichte Wanderung, 1½ Stunden.

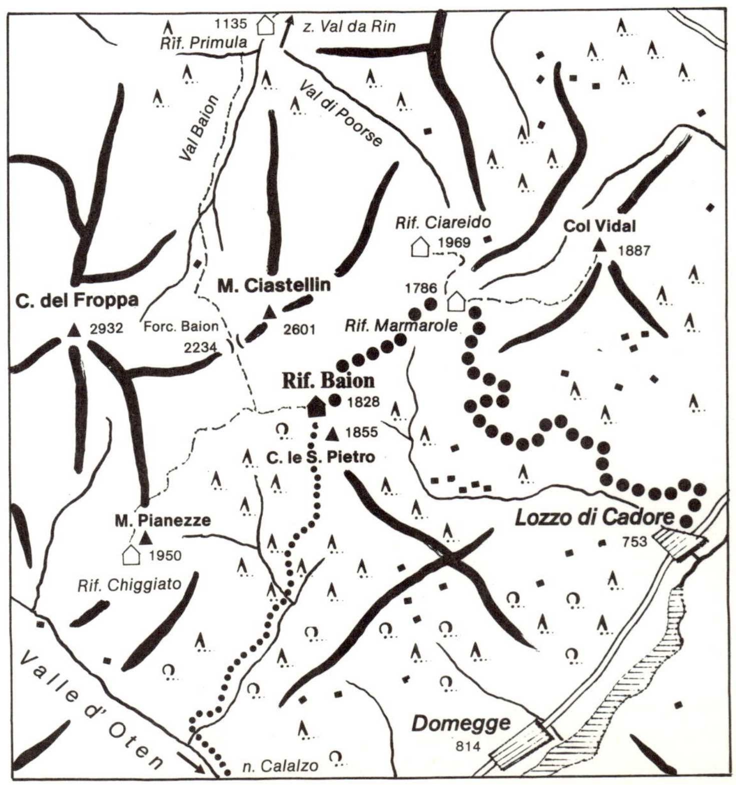

Auf dem Weg, der über das Gwengalpenjoch zur Drei-Zinnen-Hütte führt, ergeben sich ungemein schöne Ausblicke nach Norden zum Zackenwall des Haunold, des Wahrzeichens vom Hochpustertal.

Seite 119 Im stillen Innerfeldtal eignet sich die Drei-Schuster-Hütte bestens als Stützpunkt für Touren im Drei-Schuster- und Haunoldmassiv.

Drei-Schuster-Hütte

Berggasthaus im Innerfeldtal, 1617 m

Unser Talort ist diesmal Innichen im Pustertal. Im Jahre 769 wurde der Ort vom Bayernherzog Tassilo III. gegründet und urkundlich Intichinga genannt. Tassilo vermachte die Ansiedlung dem Abt Atto aus Scharnitz unter der Bedingung, hier ein Kloster zu errichten, um die benachbarten Slawen zu bekehren. Noch heute besitzt Innichen eine sehenswerte, romanische Stiftskirche. Innen, über dem Portal hängt ein riesiger Knochen, eine Rippe des Riesen Haunold. Der Sage nach hat der Riese die acht Pfeiler der Kirche von Sexten nach Innichen getragen. Als Lohn erhielt er dafür täglich ein ganzes gebratenes Kalb mit Bohnen. Wegen seiner Gefräßigkeit wurde er dann von den Leuten aus Innichen erschlagen.
Neben dem Fischleintal ist das Innerfeldtal von besonderem Reiz. Gleich am Eingang des Innerfeldtales fällt der Blick durch das lichte Geäst der hochstrebenden, schlanken Lärchen auf die Zackenkrone des Haunold. An der linken Seite dominiert die Drei-Schuster-Spitze, die Königin der Sextener Dolomiten, mit ihren Trabanten und am Talende der stattliche Morgenkopf mit seinen steil aufragenden Wänden. Hier liegt auch unser Stützpunkt.

Ungefähr in der Mitte zwischen den Orten *Sexten* und *Innichen* zweigt südlich bei der ehemaligen *Lanzinger Säge* ein befahrbares Sträßchen ab. Eine Schranke versperrt uns schon bald die Weiterfahrt. Zu Fuß folgen wir entweder der Straße oder den Markierzeichen 7a, die von Innichen über das *Haunoldköpfl* führen, bis der Weg in mäßiger Steigung an unserem *Stützpunkt* endet, der erhöht in einem lichten Fichtenhain steht. Während des gemütlichen Dahinschreitens werden wir immer wieder von der Vielfalt der Alpenblumen gefesselt, die sich von dem zarten Grün der Wiesen abheben. Gerade der botanisch interessierte Wanderer findet sich in eine Landschaft versetzt, die zu den letzten Paradiesen unserer Bergwelt gehört.
Zum erstenmal wurde im Jahre 1912 von Gottfried Eisendle und Johann Kerschbaumer eine Unterkunft im hinteren Innerfeldtal erstellt. Im Ersten Weltkrieg schlugen die Österreicher hier ihr Quartier auf. 1921 brannte die Hütte ab und wurde wiederum von der Familie Kerschbaumer aufgebaut. Lange Jahre diente sie dann als Erholungsheim und war der Öffentlichkeit nicht mehr zugänglich. Unmittelbar daneben wurde vom Alpenverein Südtirol ein neuer, moderner Stützpunkt geschaffen und am 21. September 1975 feierlich eingeweiht. Die alte Schuster-Hütte hat man noch im gleichen Jahr abgetragen.
Als erstes gilt es, dem *Haunold,* dem Wahrzeichen des Hochpustertales, unsere Reverenz zu erweisen. Die Besteigung auf der Normalroute, die Josef Oberschneider am 28. Juli 1878 erstmals durchführte, ist recht mühsam. Von der *Drei-Schuster-Hütte* streben wir zunächst nordwestlich dem Schuttstrom zu, der aus dem *Köhlenbrenngraben* herabzieht. Hier nimmt ein deutlicher, unmarkierter Steig seinen Anfang. Er windet sich zunächst rechts neben einem Wildwasserbett und im Krummholz empor, bis er nach etwa 600 Höhenmetern in einem eintönigen Schuttkar ausläuft. Vereinzelt aufgestellte Steindauben übernehmen von nun an die Führung in weglosem Gelände. Sehr langsam kommen wir in dem losen Gestein voran. In einer blockgefüllten Schlucht, die von rechts in das Karbecken mündet, öffnet sich der Blick zum Gipfelkreuz. Schwache Begehungsspuren bringen uns zum ersten Klemmblock, den wir rechts umgehen. Nach Erreichen eines zweiten Klemmblocks geht es wiederum rechts über schuttbedeckte, lockere Felspartien in leichter Kletterei hinauf zum Mittelgipfel des Berges, den ein neues, großes Metallkreuz mit der Aufschrift »Zum Gedenken an die Gefallenen beider Weltkriege« ziert. Das alte Haunoldkreuz stürzte 1961 mit dem Gipfelblock in die Tiefe. Der anstrengende und lange Aufstieg wird durch die herrliche Sicht zu den bekannten Bergen der Sextener Dolomiten und, nördlich, zu den Firngipfeln der Zentralalpen reich belohnt.
Der *Hochebenkofel,* fast ein Dreitausender, ist für Geübte relativ leicht zu besteigen. Von unserem Stützpunkt beginnen wir die Wanderung über den fichtenbestandenen Talboden, dem majestätischen *Morgenkopf* entgegen, der das Innerfeldtal abschließt. An seinem Fuß zweigt sich das Tal. Südwestlich führt ein markierter Weg durch den romantischen *Inni-*

Rückblick im Aufstieg zum Haunold zu dem im Dunst liegenden Zinnengebiet.

cher Wildgraben hinauf in ein weites Hochtal, in dem vor vielen Jahren die Oberhütte stand. Bei mehreren Hinweistafeln angekommen, legen wir die erste Ruhepause ein. Die rotweißrote Markierung 9 weist uns nach Nordwesten über ebene Grasböden und später, oberhalb der Vegetationsgrenze, steiler über die Schuttströme der Bullköpfe hinauf zur *Lückelescharte*. Von hier führt aus der Scharte nordöstlich ein schmales, markiertes Felsband unterhalb der gelben Wandabbrüche des Hochebenkofels herum in eine Geröllschlucht. In kurzer Kletterei gelangen wir nach oben, auf etwas ausgesetzten Felsbändern zum schottrigen Hochplateau des Berges und weiter zur höchsten Gipfelstelle. Die Rundschau zu den zahlreichen Bergspitzen rühmte schon Paul Grohmann, der Erschließer der Dolomiten und Erstbesteiger des Hochebenkofels.
Der Weg zur *Drei-Zinnen-Hütte* in eigenartiger und prachtvoller Landschaft hinterläßt einen unvergeßlichen Eindruck. Auf dem bereits bekannten Weg, der zum Ende des *Innerfeldtales* leitet, wählen wir bei der ersten Wegteilung die Markierung 105. Sie bringt uns anfangs über vermurten Talboden und später, östlich des Morgenkopfes, im Zickzack bergauf zum spärlich begrünten Plateau der *Gwengalpe*. Nach rechts gewandt erblicken wir die »kühnste« Seite des kastellartigen Schwabenalpenkopfes. Während des Ersten Weltkrieges wurde er von den Österreichern zu einer großen Befestigungsanlage ausgebaut. Zahlreiche Kavernen und verfallene Schützengräben sind heute noch stumme Zeugen jener Zeit. Rotweißrote Markierungszeichen leiten weiter über die steinige Hochfläche oder in ausgewaschenen Gräben hinauf zum *Gwengalpenjoch* in 2449 Meter Höhe. Hier zeigen sich die Drei Zinnen von ihrer schönsten Seite, insbesondere die Kleine Zinne mit ihrer schmalen Silhouette. Hinter dem Zackenwall des Haunold sind die weißen Häupter der Venedigergruppe deutlich zu erkennen. Von dem *Gwengalpenjoch* gehen wir in südöstlicher Richtung weiter bis zum westlichen Wandfuß des *Sextener Steins*. Nun folgt noch ein kurzer Aufstieg zur aussichtsreichen Forcella di Toblin, und unser Tagesziel, die Drei-Zinnen-Hütte, ist nach wenigen Minuten erreicht.

Touristische Angaben:

Talort: *Innichen* (1173 m), Fremdenverkehrsort im Pustertal, nahe der österreichischen Grenze.
Unterkünfte: *Drei-Schuster-Hütte* (1617 m), Alpenverein Südtirol; Sektion Drei Zinnen. Bewirtschaftet vom 1. Juni bis Ende September, 30 Betten und 28 Lager, elektrisches Licht. Hüttenwirt: Bergführer Erich Senfter, Innichen, Bachgang 8. Telefon: 0474-73217. Ab der Sperrschranke im Innerfeldtal 30 Minuten. *Drei-Zinnen-Hütte* (2438 m), Club Alpino Italiano; Sektion Padua. Bewirtschaftet vom 20. Juni bis Ende September, 100 Betten und 100 Lager. Unschwieriger Hüttenweg, 3½ Stunden von der Drei-Schuster-Hütte.
Bergtouren: *Haunold* (2943 m), Trittsicherheit und Bergerfahrung erforderlich, 4 bis 5 Stunden; *Hochebenkofel* (2904 m), für Geübte, 4 Stunden.

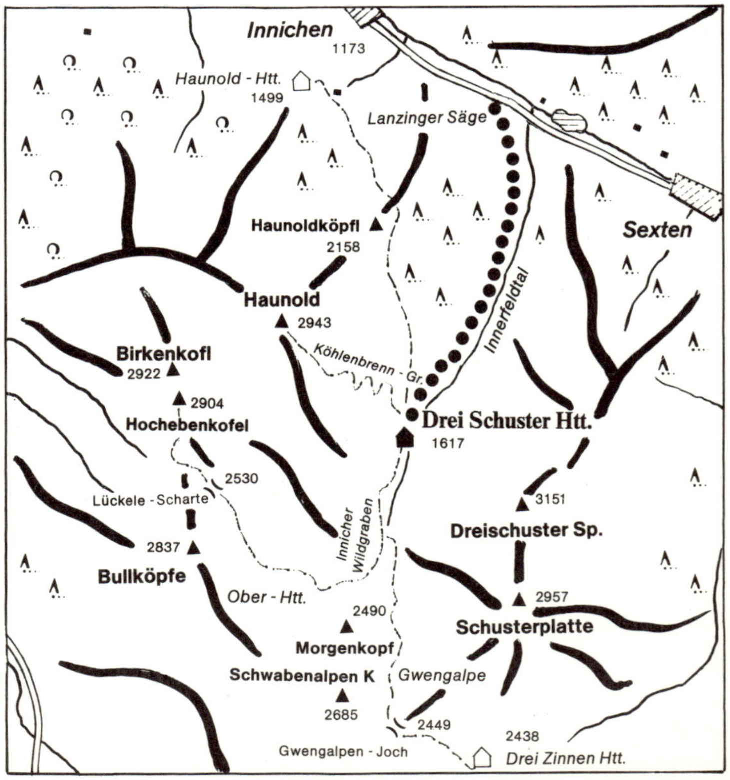

Blick von der 2957 Meter hohen Schusterplatte hinüber zum Dreigestirn der Sextener Zinnen – Eldorado für Extrem-Bergsteiger.

Drei-Zinnen-Hütte

Traumlage in den Alpen, 2438 m

Die Hütte steht am Toblinger Riedel auf Raibler Schichten in einer der schönsten Lagen des gesamten Alpenraums. Unser Blick wird vom weltberühmten Dreigestirn der Zinnen gefesselt. Millionenfach fotografiert, vermarktet und überlaufen – doch der Blick bleibt unvergeßlich. Aber auch andere berühmte Berggestalten stellen sich hier vor: die Pyramide des Paternkofels, der mächtige Stock des Zwölfers, Oberbachernspitze, Einserkofel, Elfer, Popena, Cristallo, Tofanen und Hohe Gaisl. Alle aufzuzählen, hieße Eulen nach Athen tragen.
Zurück zu den nüchternen Daten: Erbaut im Jahr 1883 von der Sektion Hochpustertal des Deutsch-Österreichischen Alpenvereins, hatte die Drei-Zinnen-Hütte 55 Schlafplätze. Damals wurde sie vom berühmten Bergführer Sepp Innerkofler bewirtschaftet. Er selbst mußte am 25. Mai 1915 mitansehen, wie seine Hütte in Brand geschossen wurde. Die Sektion Padua baute das Schutzhaus 1923 neu auf, 1935 wurde es erweitert.

Wie die Wanderkarte zeigt, haben wir die Auswahl unter mehreren Hüttenwegen. Der gebräuchlichste Zugang beginnt bei der *Auronzo-Hütte*. Ein breiter, bequemer Weg führt unter den wuchtigen Südwänden der Westlichen und Großen Zinne entlang, an einer Kapelle sowie am grauen Steinbau der Lavaredo-Hütte vorbei und umrundet dann den Fuß der Kleinen Zinne. Am Paternsattel öffnet sich der Blick zum Profil der Zinnen-Nordwände. Wuchtig, gigantisch und fast überdimensional wachsen sie senkrecht aus dem Schuttfeld heraus. Die gelbroten Steilwände der Großen und Westlichen Zinne sind sogar leicht nach außen geneigt. Genau im Norden sind unser Stützpunkt und die zwei Wege zu sehen, die unter den Westwänden des Paßportenkopfes und Paternkofels zu ihm führen.
Von der ehemaligen Hotelsiedlung Landro im *Höhlensteintal* aus beginnt ein ebenfalls sehr reizvoller Hüttenweg. Gegenüber dem neuen Hotel »Zinnenblick« weist eine Wegtafel mit der Markierung 102 nach Südosten ins *Rienztal*. Hier wandern wir gemächlich dahin. Nach der Einmündung des Valle di Rimbianco von rechts bringt uns der Weg steiler empor, bis der Toblinger Riedel, auf dem die Zinnen-Hütte steht, erreicht ist.
Der Anstieg zum Stützpunkt durch das *Fischlein- und Altensteinertal* ist besonders zu empfehlen. Das Fischleintal ist eines der schönsten Dolomitentäler. Beim Hotel »Dolomitenhof« befindet sich der Parkplatz, an dem unser Fahrzeug Ruhe hat. Die erste Etappe bis zur *Talschluß-Hütte* ist ein Spaziergang. Wir nehmen den Weg zur Zsigmondy-Hütte und weiter, fast eben, bis zur Talgabelung des Bachern- und Altensteinertales. Über dem Talgrund erheben sich die abenteuerlichsten Formen dolomitischer Felsbildung. Besonders fällt die eindrucksvolle Nordwand des Einserkofels auf. Am Ausgang des Altensteinertales, bei einer Wegtafel, beginnt der Steig mit der Nummer 102. Im dürftig bewaldeten Gelände überwindet man eine Steilstufe. Entlang einer markanten Geröllhalde und mit Ausschau zu einem herabstürzenden Wasserfall zieht der Weg in den oberen Talboden. Entlang am Bödenbach, über sumpfige Wiesen und an den idyllisch gelegenen Bödenseen vorbei, erreichen wir dann endlich unser Ziel.
Das Naheliegendste wäre, zuerst den Klettersteig zu begehen, der auf den Toblinger Knoten führt. In den Jahren 1916/17 wurde vom Standschützenbataillon Innsbruck I eine Leiteranlage durch die Nordkamine des Toblinger Knotens zum Artilleriebeobachter am Gipfel erbaut. Die Trassenführung war ein Musterbeispiel für derartige Anlagen in extremem Gelände. Die Zeit machte den Steig unbegehbar. Mit Unterstützung der Gemeinde Sexten und des Bergführers Sepp Reider haben die Dolomitenfreunde im Zuge ihrer Aktion, alte Kriegspfade begehbar zu machen, im Jahr 1979 die Anlage rekonstruiert. Vom Stützpunkt steigen wir in nördlicher Richtung vorerst zum Sattel empor, der den Sextener Stein mit dem Toblinger Knoten verbindet. Hier leitet uns ein rotmarkierter, ehemaliger Kriegsweg in die Westseite des Toblinger Knotens und weiter zum nördlichen Wandfuß. Nun beginnt der eigentliche Aufstieg. An festverankerten Seilen und auf siebzehn, oft sehr luftigen, Eisenleitern – Gesamtlänge 160 Meter – werden die 110 Höhenmeter bis zur Bergspitze überwunden.

Wie tote Augen starren die Bödenseen zum Paternkofel empor.

Seite 128 *Von Westen gesehen, vom Monte Piano aus, zeigen sich die Drei Zinnen einmal ganz anders.*

Die Umrundung des Zinnenmassivs über die Hochfläche der Langen Alpe zur Auronzo-Hütte zählt ohne Übertreibung zu den schönsten Wanderungen in den Dolomiten. Der »Friedensweg Paternkofel«, der über Paternsattel, Paßportenscharte und Gamsscharte zum Büllelejoch führt, ist für jeden trittsicheren Wanderer empfehlenswert. Der mit roten Punkten versehene Steig nimmt seinen Ausgang am Paternsattel (siehe Luis Trenker/Helmut Dumler »Die schönsten Höhenwege der Dolomiten«).
Im Jahre 1975 wurde der Klettersteig »Paternkofel« eröffnet; er führt auf den Schicksalsberg Sepp Innerkoflers, der hier auf einer Patrouille am 5. Juli 1915 fiel. Vom Stützpunkt, der Drei-Zinnen-Hütte, gehen wir östlich dem charakteristischen Felszacken »Frankfurter Würstl« entgegen. Rote Dreiecke lotsen uns zum Eingang der Gallerie del Paterno (Taschenlampe!). Seile und Holztreppen sind willkommene Steighilfen. In etwa 2450 Meter Höhe wird der Stollen nach links verlassen. Wir sind in der Nordostflanke des Berges. Eine recht steile Geröllrinne, die von der Gamsscharte herabzieht, ist noch zu überwinden. Mit einem »Drei-Sterne-Blick« zur Zinnen-Hütte und in die nähere Umgebung werden wir belohnt. Eine fast senkrechte Wandstufe, die mit Drahtseilen entschärft ist, muß noch bezwungen werden. Dann liegt die schwerste Stelle des Aufstiegs hinter uns. In Kürze erreichen wir über Schrofen und schotterbedeckte Felsstufen die höchste Gipfelstelle.
Die Schusterplatte zu besteigen, ist der krönende Abschluß unseres Aufenthaltes. Gleich bei der Hütte folgen wir dem Wegweiser mit der Aufschrift »Zur Schusterplatte« nach Norden. Am Sattel des Innichriedels zieht ein deutlicher Weg schräg nach rechts hinauf zu einer begrünten Rampe und weiter zu einer Einschartung, von der wir in das Innichriedelkar absteigen. In diesem Karbecken führen Steinmänner und Wegspuren oft mühsam über Geröll und Schrofen nach oben. Eine blockige Rinne, die von links herabzieht, erfordert auch einmal die Zuhilfenahme der Hände. Anschließend geht es wieder gemütlicher zum sanft ansteigenden Geröllfeld der ausgedehnten Gipfelhochfläche, deren höchste Stelle mehrere Steinmänner markieren.

Touristische Angaben

Talorte: *Sexten-Moos* (1339 m), idyllischer Fremdenverkehrsort; 9 Kilometer auf der Straße zum Kreuzbergpaß ab Innichen. *Misurina* (1756 m), Mautstraße zur Auronzo-Hütte.
Unterkunft: *Drei-Zinnen-Hütte* (2438 m), Club Alpino Italiano; Sektion Padua. Bewirtschaftet vom 20. Juni bis Ende September, 100 Betten und 100 Lager, elektrisches Licht. Hüttenwirt: Bergführer Josef Reider, Sexten, St. Josefstr. 9. Telefon: 0474-70347. Von der Auronzo-Hütte 1 Stunde, vom Hotel »Zinnenblick« 4 Stunden und vom Hotel »Dolomitenhof« im Fischleintal 3 Stunden entfernt.
Bergtouren: Klettersteig auf den *Toblinger Knoten* (2617 m), nur für Geübte, 1 Stunde; Klettersteig auf den *Paternkofel* (2746 m), 1½ Stunden; *Schusterplatte* (2957 m), Trittsicherheit erforderlich, 2½ Stunden.
Bergwanderungen: *Umrundung des Zinnenmassivs,* 3 Stunden; *»Friedensweg Paternkofel«* zum Büllelejoch, 4 Stunden, Trittsicherheit und Schwindelfreiheit erforderlich.

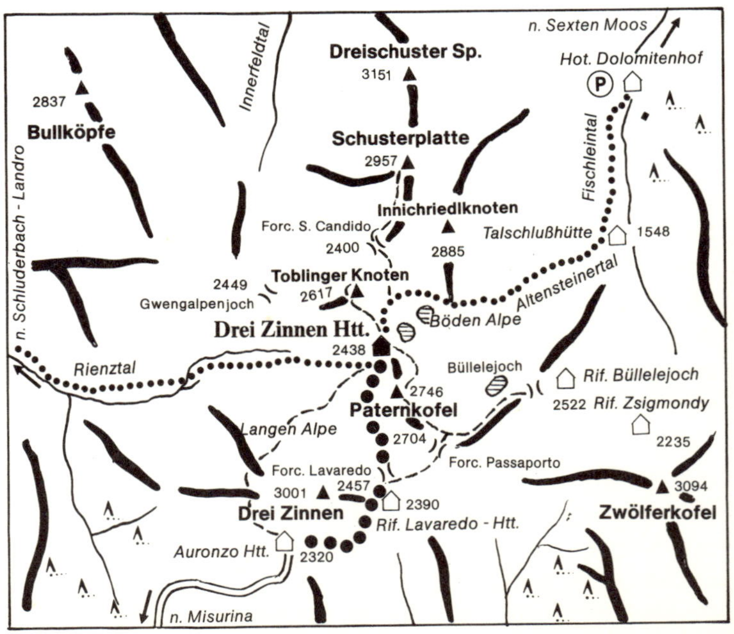

RIFUGIO ZSIGMONDY-COMICI

Das wuchtige Zwölfermassiv von Nordwesten. Die Umwanderung, die zu den anspruchsvollsten Touren in den Dolomiten zählt, nimmt sechs Stunden in Anspruch.

Seite 129 Zsigmondy-Comici-Hütte. Links die Forcella Giralba (Übergang zum Rifugio Carducci) und rechts davon Kleinster Zwölfer, Vicentinische Damen und Kleiner Zwölfer.

Zsigmondy-Comici-Hütte

Denkmal für zwei berühmte Bergsteiger, 2235 m

Am Anfang beziehungsweise am Ende des Alpiniweges liegt auf den Schafweiden der Oberbachernalpe die Zsigmondy-Comici-Hütte. Der Deutsch-Österreichische Alpenverein erbaute die Hütte im Jahre 1886 und benannte sie nach dem in den französischen Alpen verunglückten Wiener Bergsteiger Dr. Emil Zsigmondy. Nach den Zerstörungen des Ersten Weltkrieges baute die Sektion Padua des Club Alpino Italiano anfangs der zwanziger Jahre das Schutzhaus unmittelbar neben dem früheren Standort wieder auf. Den Zusatznamen »Comici« erhielt die Hütte vom Triestiner Bergsteiger Emilio Comici, dem ein schadhaftes Hanfseil im Grödner Klettergarten zum Verhängnis wurde. Neben der Drei-Zinnen-Hütte wird auch diese Hütte mit geduldigen Maultieren versorgt. Ein Hauch von Romantik ist dadurch im Zeitalter der Technik erhalten geblieben.

Im *Fischleintal*, am *Hotel »Dolomitenhof«* nimmt unser Hüttenweg seinen Anfang. Er zieht südwärts über die malerische Fischleinbodenwiese und zwischen herrlichen Tannen und Lärchen zur *Talschluß-Hütte*. Vor unseren Augen erhebt sich der Einserkofel, im Hintergrund des Bacherntales die schlanke, senkrechte Nordwand der Hochleist. Darüber baut sich die mächtige Steilpyramide des Zwölferkofels auf. Wir wenden uns jetzt rechts dem *Altensteinertal* zu, bis sich der Weg in etwa 1600 Meter Höhe gabelt. Ab hier führt Markierung 103 über steile Serpentinen am Nordostsporn des Einserkofels vorbei und hoch über der Sohle des Bacherntales sehr aussichtsreich zur *Zsigmondy-Hütte*. Gewaltig und wuchtig erscheint der Zwölferkofel, wie ein Herrscher blickt er majestätisch auf uns herab.
Von den Dreitausendern der Sextener Dolomiten ist die *Hochbrunner Schneide* am unschwierigsten zu ersteigen; die Zsigmondy-Hütte ist hierfür der geeignetste Ausgangspunkt. Dem bekannten und vielbegangenen *Alpiniweg* mit dem Markierzeichen 101 folgen wir und gelangen nach den Schuttreisen des Zwölferkofels in den breiten, felsigen Sattel, der zwischen dem Monte Giralba di Sopra und der Hochleist liegt. Rechts führt uns dann ein unmarkierter Steig in das wilde Hochkar »Inneres Loch«. Steindauben leiten hier über Gesteinsschutt und Firnfelder zu den Felsen, die das Kar im Osten abschließen. Je nach Schneelage steigen wir in den gut gestuften Felsen oder mehr links im Geröll nach oben zur *Forcella Alta di Popera*. Schottrige Felspartien leiten nun aus der Scharte rechts zum verkarsteten, nach Westen geneigten Gipfeldach. Die höchste Stelle des Berges ziert kein Kreuz, sondern ein schlichter Steinmann.
Das Prädikat »eine der schönsten Rundtouren« verdient die Umwanderung des Zwölfermassivs. Ausdauer und Trittsicherheit sind für die Begehung in dieser hochalpinen Region unbedingt notwendig. Unsere Stationen sind: Rifugio Carducci, Forcella Maria, Bivacco de Toni, Forcella d. Agnello, Zwölferscharte – alles Aussichtspunkte ersten Ranges! Das kleine *Rifugio Carducci* erreichen wir leicht über das 2431 Meter hohe *Giralbajoch*. Ab hier wird es interessant. Die Aufschrift »Biv. de Toni, Forc. Maria« weist uns in südliche Richtung, zur *Forcella Maria*. Auf der Scharte haben wir das kürzeste Stück der Umwanderung geschafft. Schwache Begehungsspuren führen jenseits, in der steilen Schlucht, 100 Höhenmeter abwärts zum schwarzen Wandfuß der *Punta Maria*, von dem aus, weit oben, das *Bivacco de Toni* zu sehen ist. Der beschwerliche Aufstieg kostet noch manchen Schweißtropfen. Rote Farbkleckse weisen uns auf horizontal verlaufenden Felsbändern zum Geröllstrom, der von der Forcella d. Agnello herabzieht. Dort führen schwache Trittspuren aufwärts, zwischen zwei charakteristischen Felsquadern hindurch, und nachher sehr mühsam zur Biwakschachtel (9 Schlafplätze). Noch wenige Höhenmeter trennen uns von der *Forcella d. Agnello*. Das anstrengendste Teilstück der Route liegt nun hinter uns. Landschaftliche Eindrücke und Motive in grandioser Dolomitenlandschaft gab es bisher viele. Jetzt heißt es, nur noch die westseitigen Schuttreisen des Zwölfers zu queren, um die *Zwölferscharte* zu erreichen. Von dem Gedenkstein, der sich in der Scharte befindet, fällt unser Steig steil nach Norden ab zur Zsigmondy-Hütte.
Großartig und sehr aussichtsreich ist der Weg im Herzen der Sextener Dolomiten zur *Drei-Zinnen-Hütte*. Die landschaftlichen Eindrücke während der Wanderung bleiben

Am Bivacco de Toni, kurz vor der Forcella dell'Agnello.

unvergeßlich. Von der *Zsigmondy-Hütte* ziehen wir in westlicher Richtung los und steigen in uriger Felslandschaft hinauf zum *Oberbachernjoch.* Im Osten bieten sich die unverkennbaren Berggestalten des Elferkofels, der Hochbrunner Schneide und des Zwölferkofels. Auf einem gut erhaltenen Frontweg gelangen wir nach wenigen Schritten zur kleinen *Büllelejoch-Hütte.* Hier sollte man nicht versäumen, die 2675 Meter hohe *Oberbachernspitze* zu besteigen. Gleich hinter der Hütte führt ein unbezeichneter Weg entlang an verfallenen Laufgräben auf den südostseitigen Hängen der Oberbachernspitzen zur höchsten Erhebung. Nach längerem Verweilen kehren wir dem dürftigen Gipfelkreuz den Rücken zu, steigen abwärts zur kleinen Hütte und nach rechts zum *Büllelejoch.* Ganz nah sind im Westen die Zacken der Bödenknoten, der Paternkofel und die traumhafte Architektur der Drei Zinnen zu bewundern. Unsere Wanderung zur *Drei-Zinnen-Hütte* setzen wir jenseits des Joches fort. Steile Kehren winden sich abwärts. Hernach strebt der bisherige Weg über die Schutthalden der Bödenknoten der Hütte zu.
Der hochalpine Übergang zum *Rifugio Antonio Berti* nennt sich »Strada degli Alpini«. Schon vor 1914 bauten österreichische Hochgebirgstruppen einen Saumpfad vom Giralbajoch nach Nordosten aus. Italienische Alpinisoldaten trieben während des Ersten Weltkrieges, von der hartumkämpften Sentinellascharte (La Sentinella – der Wachtposten) aus, einen Steig gegen Westen vor. Die rührige Sektion Padua schloß das fehlende Verbindungsstück in der Nachkriegszeit und schuf damit einen Übergang zum Rifugio Antonio Berti, der in seiner Art einmalig und großartig ist. Markierung 101 bringt uns, wie bei der Tour zur Hochbrunner Schneide, erst in das »Innere Loch«, auf dem Salvezza Band in das »Äußere Loch« und hernach hinauf zur *Elferscharte.* Hier können wir, wenn der Weiterweg zur *Sentinellascharte* wegen Vereisung gesperrt ist, zur *Talschluß-Hütte* oder zur *Rotwandwiesen-Hütte* absteigen. Ab der Elferscharte helfen Leitern, Seile und Holzbrücken in kühner Trassenführung auf die Sentinellascharte. Von dort ist in steilem Abstieg das weit unten liegende Schutzhaus »Antonio Berti« im *Val Popera* nicht mehr zu verfehlen.

Touristische Angaben

Talort: *Sexten – Moos* (1339 m), Fremdenverkehrsort.
Unterkünfte: *Zsigmondy-Comici-Hütte* (2235 m), Club Alpino Italiano; Sektion Padua. Bewirtschaftet vom 20. Juni bis Ende September, 45 Betten und 45 Lager, elektrisches Licht. Hüttenwirt: Klaus Happacher, Sexten. Hüttentelefon: 0474-70358. Vom Fischleintal in 2½ Stunden zu erreichen. *Rifugio Carducci* (2297 m), Club Alpino Italiano; Sektion Cadorina Auronzo. Bewirtschaftet vom 20. Juni bis 20. September, 22 Betten. 1½ Stunden ab Zsigmondy-Comici-Hütte. *Drei-Zinnen-Hütte* (2438 m), von der Zsigmondy-Comici-Hütte, 2 Stunden. *Rifugio Antonio Berti* (1967 m), Club Alpino Italiano; Sektion Padua. Bewirtschaftet vom 20. Juni bis 24. September, 56 Betten, 28 Lager. Auf dem Alpiniweg 5 Std.
Bergtouren: *Hochbrunner Schneide* (3045 m), 3 Stunden. *Oberbachernspitze* (2675 m), ab Büllelejoch-Hütte 30 Minuten.
Bergwanderung: *Umrundung des Zwölfermassivs,* nur für Geübte, 6 Stunden.

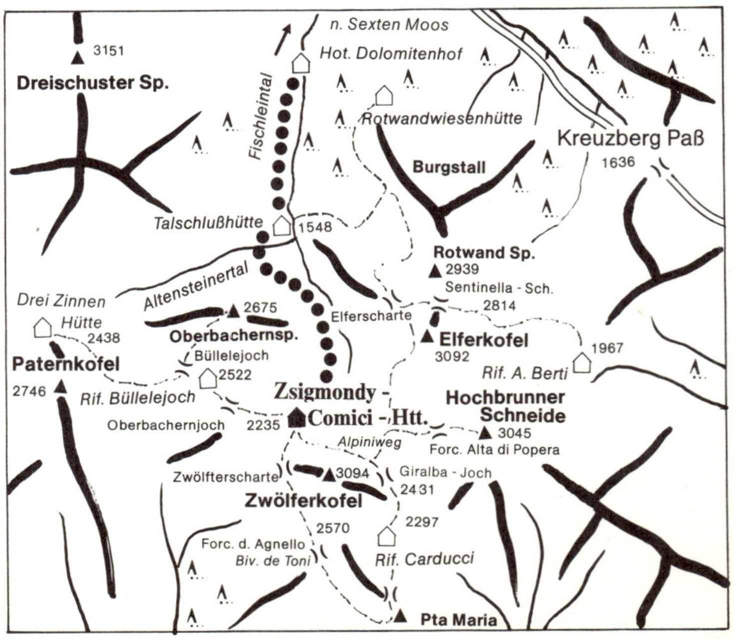

Sexten, bezaubernder Ort für Ferien in allen Jahreszeiten. Obwohl der Hauptort des Sextener Tales im Ersten Weltkrieg zerstört wurde, überrascht er heute mit schmucken Häusern seine Besucher.

Rotwandwiesen-Hütte

Am Fuß der Sextener Rotwand, 1920 m

Als »Sextener Sonnenuhr« oder »Herrgotts Zifferblatt« bezeichnen die Bewohner die fünf türmereichen Gipfel vom Neuner- bis zum Einserkofel, die großartige Südumrahmung des Sextener Talschlusses. An einem Sommertag im Jahre 1881 ging der Bergführer Santo Siorpaes aus Cortina mit seinem Begleiter durch das liebliche Fischleintal. Sie wollten einen Gipfel in der »Sextener Sonnenuhr« besteigen; es sollte der Zehner sein, der noch als unerstiegen galt. Nach mühevollem Aufstieg erreichten sie den turmartigen Gipfelblock. Zu ihrem Schrecken mußten sie feststellen, daß Michl Innerkofler mit dem Baron Eötvös drei Jahre vor ihnen da waren. Ein Steinmandl und eine zurückgelassene Flasche waren der Beweis. Der Zehner war also der Gipfel in der »Sextener Sonnenuhr«, der als erster erstiegen wurde. Heute ist jedoch der Name nicht mehr gebräuchlich, es setzte sich die Bezeichnung »Sextener Rotwand« durch.

Den gebräuchlichsten Zugang zur *Rotwandwiesen-Hütte* vermittelt der Rotwandwiesen-Lift. Wer aber den eineinhalbstündigen Aufstieg nicht scheut, kann von *Moos* am *Hotel »Rainer«* den mit der Markierung 15 versehenen Fußweg benützen. Er führt über sumpfige Wiesen hinüber zum Wald und in mäßigem Anstieg hinauf zu den *Rotwandwiesen* mit der malerisch gelegenen Hütte.

Ebenfalls sehr bequem ist der Hüttenweg, der am *Hotel »Dolomitenhof«* im *Fischleintal* beginnt. Markierung 15 bringt uns von dort nordöstlich im schattigen Bergwald empor bis zur Abzweigung »Sentinellascharte«. Ohne Richtungsänderung gehen wir aber weiter und folgen dem Weg, der schließlich unter dem Sessellift hindurch leicht ansteigend zu den Wiesen führt, auf denen die *Rudi-Hütte* und unser Stützpunkt, die *Rotwandwiesen-Hütte,* stehen.

Am westlichen Rand der blumenreichen Rotwandwiesen steht die gemütliche Schutzhütte. Sie ist der idealste Ausgangspunkt für den Klettersteig auf die Sextener Rotwand und zum bekannten Alpinisteig. Die Lage der Hütte, vorzügliche Speisen und Weine sowie der großartige Panoramablick ziehen tagsüber viele Touristen an. Das Auge reicht ins schöne Sextener Tal, zur Sextener Rotwand, zum Elfer- und Einserkofel. Die Oberbachernspitzen, der Paternkofel und die Große Zinne reihen sich an; rechts davon sind die gewaltige Dreischusterspitze und in der Ferne die Antholzer Berge sowie die Zillertaler Gletscher zu sehen.

Die Sextener Rotwand ist mit 2965 Meter Höhe um zwei Meter höher als Deutschlands höchster Berg, die Zugspitze. Mit ihren vielen verfallenen Stellungsbauten und Steiganlagen erinnert sie heute noch an den erbitterten Hochgebirgskrieg der Jahre 1915 bis 1918. Über grünen Wiesen und Wäldern erhebt sich das Rotwandmassiv, dessen lange Zackengrate nach Norden ins Fischleintal vorgeschoben sind. Nach Süden hin sind die bizarren Türme und senkrechten Wände besonders eindrucksvoll. Die Soldaten beider Seiten gaben den Stellungen auf den Graten und den auffallendsten Felsgebilden recht einfallsreiche Namen: »Bischofsmütze«, »Stopselzieher«, »Betendes Moidl« und »Besoffene Feldwache«. Die höchste Erhebung hieß »Polar« oder »Vinatzerturm« zu Ehren der Gebrüder Vinatzer aus dem Grödner Tal, die hier den Tod fanden. Seilbahnen und Handaufzüge umgaben das Rotwandmassiv wie ein Spinnennetz.

Im Jahre 1973 wurde der Plan gefaßt, einen der alten Kriegswege instandzusetzen. Er führt uns heute – tadellos markiert – auf die *Dreierspitz* (Trapezio), in eine Höhe von 2939 Meter. Sie ist ein nordöstlicher Gipfel im Gratkamm der Rotwand. Von der *Rotwandwiesen-Hütte* wandern wir in südlicher Richtung und erreichen bald darauf den rotweißroten Steig mit der Markierung 15 B. Er leitet uns zu einem Schartl zwischen dem Ausläufer der Rotwand und dem Burgstall hinauf. Eine Hinweistafel und rote Dreiecke weisen uns über leichte Wandfelsen zur schmalen Scharte, hinter der sich ein weiter Felskessel öffnet. Drahtseile geben bis hierher Steighilfe. Weite Serpentinen auf der genau vorgezeichneten Route führen zur *Rotwandscharte.* Die schwierigste Stelle, eine 20 Meter hohe, fast senkrechte, aber gut versicherte Wand, muß noch gemeistert werden. Problemlos erreichen wir danach über unschwierige Felspartien die *Obere Rotwandscharte* und in Kürze das Gipfelkreuz.

Aussichtsreich ist der Weg, der in etwa 2200 Meter Höhe

Aussichtsreich ist die Wanderung um die Rotwandköpfe; sehr fotogen die Drei-Schuster-Spitze.

Seite 138 Der Neunerkofel, vom Burgstall aus betrachtet. Nicht entgehen lassen sollte man sich die leichte Wanderung zum nahen Kreuzbergpaß oder zum Rifugio Antonio Berti.

um die Rotwandköpfe führt. Von unserem Stützpunkt wandern wir zunächst nach Süden und streben der Markierung 100 zu, die hinauf zum nördlichsten Endpunkt der zahlreichen *Rotwandköpfe* leitet. Hier zieht der stellenweise durch Drahtseile gesicherte Weg über die Felszacken und läuft dann auf der westlich der Rotwandköpfe gelegenen *Anderter Alpe* aus. Deutlich ist von hier ein Teilstück der kühn angelegten Strada degli Alpini zu erkennen, die über die Sentinellascharte zum Rifugio Antonio Berti oder über die Elferscharte zur Zsigmondy-Hütte führt. Von der *Anderter Alpe* aus kann man auch den steilen Weg hinab zur *Talschluß-Hütte* oder den sanfteren Weg zum *Hotel »Dolomitenhof«* nehmen. Wir aber halten uns rechts und kehren in leichtem, felsigem Gelände wieder zurück zum Ausgangspunkt.

Die weniger anstrengende Wanderung über den *Burgstall* zum *Rifugio Antonio Berti* ist empfehlenswert. Von der *Rotwandwiesen-Hütte* halten wir uns gemäß der Beschilderung genau nach Südosten. Ein deutlich gekennzeichneter Weg führt zunächst im begrünten Gelände auf ein Schartl und jenseits in leichtem Gefälle zum Gipfelplateau des *Burgstalls*. Von dieser schönen Aussichtswarte geht es dann im dichten Krummholz weiter, bis Weg 15 B in den Weg 15 A einmündet. Östlich gehen wir nun gemächlich dahin. An einer Wegverzweigung ist der Abstieg zum *Kreuzbergpaß* möglich. Unser Ziel ist jedoch das Rifugio Antonio Berti. Markierung 124 übernimmt ab jetzt die Führung. Sie bringt uns südwärts an einem Kasernengebäude vorbei und auf lieblichen Almmatten zu der Straße, die vom Rifugio Lunelli heraufkommt. Farbzeichen leiten von dieser Stelle durch eine Latschenzone und hernach in einer Steilschlucht bergauf zum *»Ex-Rifugio« Olivo Sala*. Nun senkt sich der Weg, und in Kürze stehen wir vor der lang ersehnten Hütte.

Touristische Angaben

Talort: *Sexten – Moos* (1339 m), bedeutender Fremdenverkehrsort im Sextener Tal. Von Innichen im Pustertal 9 Kilometer entfernt.

Unterkünfte: *Rotwandwiesen-Hütte* (1920 m), privat. Bewirtschaftet vom 1. Juni bis 10. Oktober, 8 Betten und 8 Lager, elektrisches Licht. Hüttenwirt: Familie Pfeifhofer, Sexten – Moos, Fischleintalstraße 15. Telefon: 04 74-7 03 73. Von der Bergstation des Doppelsessellifts in wenigen Minuten zur Hütte. Von Moos (Hotel Rainer) 1½ Stunden Aufstieg und vom Hotel »Dolomitenhof« ebenfalls 1½ Stunden. *Rifugio Antonio Berti* (1967 m), Club Alpino Italiano; Sektion Padova. Bewirtschaftet vom 20. Juni bis 24. September, 56 Betten und 28 Lager. In 4 Stunden von der Rotwandwiesen-Hütte zu erreichen.

Bergtouren: *Sextener Rotwand* (Dreierspitz, 2939 m), auf dem Klettersteig für bergerfahrene und trittsichere Geher werden 4 Stunden benötigt; Bergwanderung um die *Rotwandköpfe,* 2 Stunden, Trittsicherheit erforderlich; *Burgstall* (2218 m), leichte Wanderung, 1 Stunde.

Bergwanderungen: Umrundung der *Rotwandköpfe,* 2 Stunden, etwas Trittsicherheit erforderlich. Erholsamer Höhenweg über den *Burgstall zum Kreuzbergpaß* (Busverbindung nach Sexten möglich), 2½ Stunden.

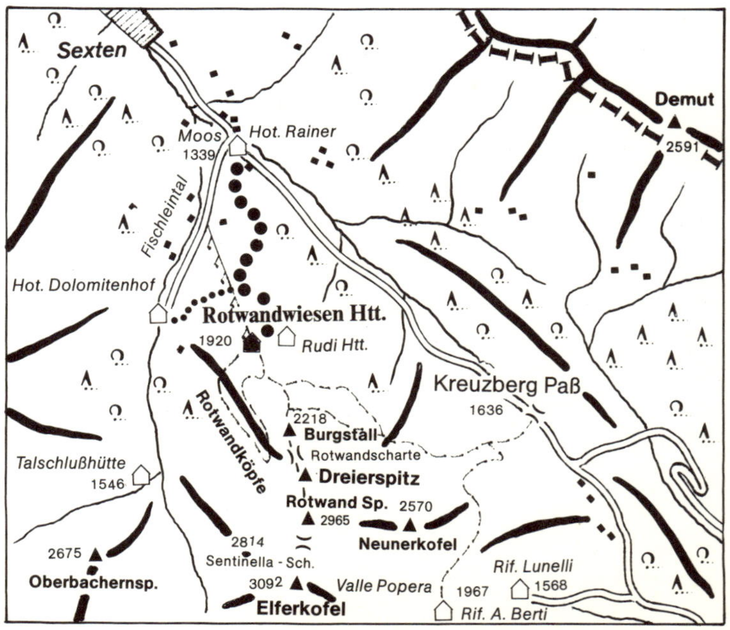

Die Großartigkeit der Cadinigruppe offenbart unser Bild, das die Landschaft vom Cimon di Croda Liscia (ganz links im Bild) bis zur Cima Cadin di Misurina zeigt.

Seite 139 Rifugio Fonda-Savio, zweiter Stützpunkt in der Cadinigruppe. Hinter der Hütte ragen die Cima Cadin d. Rifugio und der Torre Wundt auf.

Rifugio Citta di Carpi

Kleinod in der Cadinigruppe, 2100 m

Südlich der Drei Zinnen erhebt sich die vielzackige, eigenständige Gebirgsgruppe der Cadinspitzen. Im geologischen Aufbau weist sie dieselben Merkmale auf wie die Sextener Dolomiten. Ihre Gipfel bestehen aus Hauptdolomit in gleichmäßiger Schichtenfolge. Tiefer liegen die nahezu wasserundurchlässigen Raibler Schichten und der ungeschichtete Schlerndolomit, der die Basis dieser Gebirgsstöcke bildet. Dichtgedrängte, formenreiche Felsmassive verdecken die innenliegenden Täler, Kare und Schluchten in der Gruppe der Cadini di Misurina. Einst soll hier, in den unwegsamen Bergen, die man jetzt »Cadini« nennt, die verlassene Braut Gamina gewohnt haben. Der Sage nach glaubten die Leute damals, eine verlassene Braut sei gefährlich für jungvermählte Frauen, denn sie könne, wenn man ihr ein unfreundliches Wort sage, durch einen Fluch die Kinder töten.

Der großartige »Bonacossa-Weg« umspannt das Massiv westseitig, der Sentiero »Giovanni Durissini« durchquert die Gruppe im zentralen Teil, und die »Via ferrata Merlone« erschließt den zweithöchsten Berg der Cadini, die Nordöstliche Cadinspitze. Mit 2839 Meter Höhe ist die Cima Cadin di San Lucano die höchste Erhebung. Begrenzt werden die Cadiniberge im Osten durch das Val Marzon, die West- und Südgrenze wird von der Scheidelinie zwischen den Ampezzaner und Sextener Dolomiten gebildet und nach Norden hin schließt das Val Cadin di Longeres den Gebirgsstock ab. Zwei Schutzhütten, das Rifugio Fonda-Savio und das Rifugio Citta di Carpi, kommen als Stützpunkte für Wanderungen und Klettertouren in Betracht. Wir haben das *Rifugio Citta di Carpi* ausgewählt. Es liegt an der Forcella Maraia in den südlichen Ausläufern der Cadini-di-Misurina-Gruppe. Bekannte Berggruppen, Marmarole, Sorapis, Cristallo und Tofanen reihen sich aneinander. Der Zwölferkofel erscheint über dem Val Marzon in einer ganz anderen Ansicht, als sie der »Postkartenblick« vom Fischleintal aus zeigt. Anläßlich des 25. Jahrestages der Gründung der Sektion Carpi wurde im Jahre 1970 die Hütte eingeweiht. Sie wurde dem Alpinihauptmann Manfredo Tarabini Castellani des Bataillons Cadore gewidmet.

Unser Hüttenweg, der im *Val Manzon* an der Einmündung des *Val d'Onge* beginnt, ist einsam und landschaftlich sehr schön. Der bequeme Karrenweg mit der Markierung 121 windet sich zuerst in dichtem Bergwald empor. Nach etwa einer Gehstunde sehen wir nach Norden in den Südteil der zerklüfteten Zwölfergruppe und zu den vielgipfeligen Erhebungen im nordöstlichen Bereich der Cadini di Misurina. Anschließend geht es durch lichtere Baumzonen in mäßiger Steigung zum *Rifugio Citta di Carpi,* das wir nach dreistündigem Aufstieg erreichen.
Ein gleichlanger Hüttenweg hat seinen Ausgangspunkt beim Hotel »Palus San Marco« im *Val d'Ansiei.* Mit Nummer 120 markiert, führt er über die *Casera Maraia Bassa* und über die mit Felsblöcken durchsetzten Lärchenwiesen hinauf zu unserem Stützpunkt.
Am schnellsten jedoch ist die Hütte vom Misurinasee aus mit dem Sessellift »Col de Varda« zu erreichen. Von der Bergstation bringen uns die Markierzeichen 120 und 116, sehr aussichtsreich, in einer Stunde ans Ziel.
Um die Cadinigruppe näher kennenzulernen, wollen wir zuerst den *Sentiero »Giovanni Durissini«* begehen. Von unserem Stützpunkt zieht der markierte Steig 116 nördlich über die Almwiesen des Cadin di Maraia dem Weg entgegen, der vom Rifugio Fonda-Savio herüberkommt. Im Schuttkessel des *Cadin de le Pere* übernimmt Markierung 112 B auf dem Sentiero »Giovanni Durissini« die weitere Führung. Großartig und wild bauen sich vor unseren Augen im Norden die Felstürme der Cima Eötvös, des Campanile Dülfer und des Campanile Verzi auf. Der Weg führt nun prachtvoll trassiert nach rechts und unter den Südostwänden der Cima Cadin di San Lucano in Kehren hinauf zur *Forcella Cristina.* Von hier streben wir der *Forcella Cadin Deserto* zu. Die Aussicht in 2400 Meter Höhe ist einmalig: Im Norden grüßen die Drei Zinnen und weit im Süden die Riesenpyramide des Antelao, links davon die Berge der Marmarole und im Vordergrund unser Ausgangspunkt, das Rifugio Citta di Carpi. Aus der Forcella windet sich jetzt der Weiterweg unterhalb der Ostwände der *Cima Cadin di San Lucano* abwärts in eine Karmulde und am gegenüberliegenden Hang wieder auf-

Das Rifugio Citta di Carpi an der Forcella Maraia.
Darüber im Norden von links: Campanile Verzi, Cima Eötvös,
Gemelli und Cima Cadin Nord-Est.

wärts zur *Forcella Sabbiosa.* Auch hier bieten sich Ausblicke, die kaum übertroffen werden können. Im Norden ist bereits unser nächstes Ziel, die *Forcella della Torre,* zu sehen. Dort angelangt, steigen wir in den geröligen Karboden des *Vallon d. Nevaio* hinab. Hier teilt sich der Weg. Westwärts gehen wir der schrofigen Steilstufe entgegen, über die uns Drahtseile und Leitern emporführen zum *Rifugio Fonda-Savio.* Die Sektion XXX. Ottobre–Trieste des Club Alpino Italiano hat hier, auf dem Passo dei Tocci, einen Standort für die Errichtung der Hütte auserwählt, wie er schöner nicht sein könnte. Im Hintergrund ragen der kühne Torre Wundt und die Cima Cadin di Rifugio auf, im Süden die wildzackigen Felsgestalten, die die großartige Kulisse des Cadin di Nevaio bilden. Nach kurzer Ruhepause setzen wir unseren Weg fort. Markierung 116 weist nach Süden ins wilde Hochkar »Cadin di Nevaio«. An besonders exponierten Stellen sind künstliche Steighilfen angebracht. Auf der von Felstürmen flankierten *Forcella del Nevaio* gelangen wir über die leicht ausgesetzte Trasse hinab in die *Forcella Verzi* und links in die wildzerrissene, gegen Süden abfallende, versicherte Steilschlucht, die weiter unten in den Schuttkessel des *Cadin de le Pere* mündet. Rote Farbzeichen setzen die Führung fort. Eine Hinweistafel kündigt endlich das Rifugio Citta di Carpi an.
Die Nordöstliche Cadinspitze auf der »Via ferrata Merlone« zu besteigen, sollten wir uns nicht entgehen lassen. Als Ausgangspunkt eignet sich das benachbarte *Rifugio Fonda-Savio.* Farbzeichen lenken uns ins Hochkar »Cadin d. Nevaio« und südöstlich über Gesteinstrümmer zum Wandfuß des Berges. Hier beginnt der Leiternsteig, der fast senkrecht in der Nordwand nach oben zu einer Geröllterrasse und zum Gipfel in 2790 Meter Höhe führt.

Touristische Angaben

Talort: *Misurina* (1756 m), Hotelkolonie am gleichnamigen See, Austragungsort der Olympischen Eisschnellaufwettbewerbe 1956. Abzweigung ins Val Manzon auf der Staatsstraße Nr. 48 nach etwa 23 Kilometer. Das Hotel »Palus San Marco« im Val d'Ansiei ist von Misurina etwa 13 Kilometer entfernt.
Unterkünfte: *Rifugio Citta di Carpi* (2100 m), Club Alpino Italiano; Sektion Carpi. Bewirtschaftet vom 20. Juni bis 20. September, 32 Betten, elektrisches Licht. Hüttenwirt: Roberto coi Corte, Via Riva da Corte 15, Auronzo. Vom Val Marzon und durchs Val d'Onge 3 Stunden, vom Hotel »Palus San Marco« 3 Stunden, vom Col de Varda 1 Stunde. *Rifugio Fonda-Savio* (2367 m), Club Alpino Italiano; Sektion XXX. Ottobre–Trieste. Bewirtschaftet vom 20. Juni bis 25. September, 21 Betten und 20 Lager. Vom Rifugio Citta di Carpi über die Forcella del Nevaio in 2 Stunden erreichbar.
Bergwanderung: Auf dem *Sentiero »Giovanni Durissini«* durch die zentrale Cadinigruppe in 5 bis 6 Stunden, nur für ausdauernde und trittsichere Geher.
Bergtour: *Nordöstliche Cadinspitze* (2790 m), auf dem Klettersteig »Via ferrata Merlone« in 1½ Stunden ab dem Rifugio Fonda-Savio, Schwindelfreiheit und Trittsicherheit erforderlich, Vorsicht: Steinschlag!

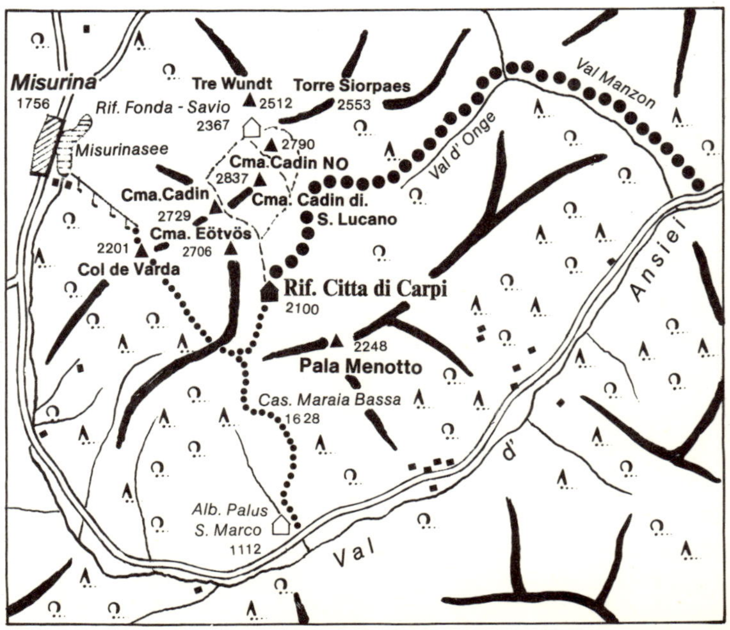

CITTA CARPI

An der Südseite der Creton-di-Clap-Grande-Gruppe (Pesariner Dolomiten) präsentiert sich das geräumige Rifugio Fratelli de Gasperi. Als Hüttenberg dominiert der Creton di Culzei, 2460 Meter – Übung im Klettern ist für seine Ersteigung Voraussetzung.

Rifugio Fratelli de Gasperi

In den Pesariner Dolomiten, 1767 m

Unser Besuch gilt diesmal der Creton-di-Clap-Grande-Gruppe in den Pesariner Dolomiten. Waldreiche Täler, imposante Berggestalten, wilde, steile Schluchten und vielseitige Flora prägen dieses unberührte und einsame Gebiet, ein Gebiet, das dem Wanderer, Bergsteiger und Kletterer viele Möglichkeiten bietet.

Verschiedene Anfahrtswege führen von Norden her ins *Val Pesarina,* von dem der schönste Hüttenweg seinen Anfang nimmt. Die gebräuchlichste Route leitet den Autofahrer durchs Sextener Tal, über den Kreuzbergpaß nach S. Stefano di Cadore und durch das Val Frison oder über den Plöckenpaß in den westlichen Talabschnitt des Val Pesarina. Von dort nehmen wir nördlich den mit der Markierung 203 versehenen Waldweg. Er führt uns durch romantischen Hangwald auf der Südflanke des Monte Paradara empor zu den Gebäuden der *Casera Mimoias.* Hier lohnt es sich, die erste Rast einzulegen. Im Süden und Südosten stellen sich die begrünten Berge der Monti di Sauris vor und im Südwesten die schroffe Felsregion des Monte Tudaio di Razzo in der Biveragruppe. Der Weg zieht nun in östlicher Richtung durch Wiesen und verfilzte Waldzonen zur Anhöhe »Clap Piccolo«, wo von links der Steig »Anelo di Sappada« einmündet. Wir aber folgen unserem Weg, der Dolomiten-Höhenroute △6, dem »Weg der Stille« – Via Silencio –, der uns in die Steilschlucht des Rio Pradibosco bringt. Trittsicher muß man hier schon sein. Im weiten Rechtsbogen verlassen wir die Schlucht und erreichen über eine baumbestandene Schulter in kurzem Abstieg das Rifugio Fratelli de Gasperi.
Der Vollständigkeit halber sei noch der Hüttenanstieg aus dem inneren Val Pesarina erwähnt. Einen Kilometer südwestlich von *Pradibosco* führt Markierung 201 im Hochwald steil bergauf und später ostwärts zum Rifugio.
Das geräumige zweistöckige Schutzhaus, an das man keine großen Ansprüche stellen sollte, liegt auf der Südseite der Creton-di-Clap-Grande-Gruppe in aussichtsreicher Lage. Der Blick reicht nach Norden zu den wilden Dolomitwänden des Creton di Clap Grande und des Creton di Culzei und nach Nordosten zum Monte Siera und Creta Forata. Schemenhaft heben sich am östlichen Horizont die Julischen Alpen mit Triglav, Mangart und Monte Canin ab. Das Rifugio Tenente G. Fabbro ist im Südwesten zu erkennen, Stützpunkt für Touren in den noch unberührten Bivera- und Brentonibergen.
Die Rundwanderung in diesen einsamen Hochregionen stellt in Verbindung mit der Besteigung des Creton di Culzei einen absoluten Höhepunkt dar. Nur bergerfahrene und konditionsstarke Geher sollten sich an das Unternehmen wagen. Zunächst halten wir uns von der Hütte nördlich an den deutlich sichtbaren, jedoch unmarkierten Steig, der hinter der Kapelle durch Nadelgehölz in ein nach Südosten abfallendes Hochtal führt. Bizarre Felsgestalten sind unsere ständigen Begleiter. An der linken Talseite durchschreiten wir eine Zone von Felsblöcken und gelangen schließlich, leicht ansteigend, zum südostseitigen Wandfuß des Creton di Clap Grande. Bis hierher war es nicht schwierig. Ein roter Pfeil und der Hinweis »Forca dell'Alpino« weisen in eine düstere, enge Schlucht, die die Clap Grande von der Creton di Culzei trennt. Jetzt beginnt das Abenteuer. Glatte und sehr rutschige Klemmblöcke versperren ab und zu den mühsamen Aufstieg. Künstliche Steighilfen erleichtern das Hochkommen. Wir stehen auf der 2302 Meter hohen Forcella dell'Alpino. Sie ist Schlüsselstelle für die Besteigung des Creton di Culzei.
Von dem Gesteinsbrocken mit der Aufschrift »Norm. Creton di Culzei« geht es rechts ab zur Westwand des Berges. Farbzeichen und Eisenklammern leiten in eine Rinne, von der aus wir eine kleine Einschartung erreichen. Danach führt die genau vorgezeichnete Route unter einem Felsblock hindurch, in einem Kamin aufwärts und zuletzt problemlos über leichte Felsstufen zur höchsten Gipfelstelle.
Nach dieser für den Normalbergsteiger anstrengenden Tour und dem Abstieg zur Forcella dell'Alpino setzen wir unsere lange Rundwanderung fort. Aus der Scharte steigen wir jenseits in der wilden Schlucht ab, bis ein Felsblock im unteren Teil den weiteren Weg versperrt. In leichter Kletterei wird diese Barriere überwunden. Ein Schuttstrom empfängt uns. Die gegenüberliegende, langgestreckte und unterbro-

Im Übergang zum Rifugio Tenente G. Fabbro beeindruckt, gegen Süden zu, der langgestreckte Felskamm des Monte Tudaio di Razzo.

Seite 148 Von den sanften Wiesenmatten des Alti Piano di Razzo, in der Nähe des Rifugio Tenente G. Fabbro, öffnet sich ein sehr schöner Blick auf den Monte Cornon, den südlichen Wächter des Val Grande.

chene Felsbastion des Monte Chiesa ist erreicht. Markierzeichen zeigen den Aufstieg über die gleichnamige Forcella und weiter zum *Passo dell'Arco* an. Leicht zu übersehen sind in diesem zerfurchten, felsigen Gelände die farbigen Markierungspunkte. Richtungweisend dazu sind die im Osten aufragenden gelbschwarzen Wandfluchten des Creton dell' Arco, dessen nördlichstem Punkt man zustrebt. Ein originelles Felsfenster kündigt den Passo dell'Arco an. Dort, auf besserem Weg, talab zum Flußbett Siera di Sappada – für Durstige ein willkommenes Labsal – und an seinem linken Ufer entlang, bis wir über einen Steg nach rechts und durch Latschen zur Wegteilung in der Nähe der Casera Siera gelangen. Um die Rundtour zu vollenden, führt Markierung 316 in dieser noch unberührten Alpenlandschaft in stetem Auf und Ab durch geologisch interessante Schluchten und über üppig bewachsene Steilhänge an der Südseite des umwanderten Gebirgsstockes der östlichen Clap-Grande-Gruppe zurück zum Ausgangspunkt.
Ein ebenfalls sehr reizvoller Hüttenweg, der auch mit Kindern leicht zu bewältigen ist, führt von unserem Stützpunkt über die Casera Mimoias, den Passo Lavardet, die Casera Razzo zum Rifugio Tenente Guiseppe Fabbro. Von der *Casera Mimoias* beschreiten wir in südlicher Richtung den markierten Weg 203, der durch Wald zum *Passo Lavardet* führt. Hier geht es nach links, an der Einmündung der Straße aus dem Val Pesarina vorbei und auf dem Bergsträßchen in leichtem Anstieg zu den sanften Wiesenmatten des *Alti Piano di Razzo* mit der noch bestoßenen, gleichnamigen Alm. Frische Milch, Käse und Wurst erwarten uns. Unser Ziel ist nicht mehr weit entfernt. Westlich schlendern wir, bei herrlichen Ausblicken auf die Brentoniberge im Nordwesten, auf das Felshorn des Monte Terza Grande im Norden und auf den langgestreckten Felskamm des Monte Tudaio di Razzo im Süden, zum Rifugio Tenente Guiseppe Fabbro.

Touristische Angaben

Talorte: *Sappada* (1218 m) romantischer Fremdenverkehrsort südlich der Piavequellen. Von hier mit Pkw durchs Val Frison, östlich ins Val Pesarina, wo nach ca. 1,5 Kilometer (Parkgelegenheit) der Hüttenweg beginnt. *San Stefano di Cadore* (908 m), typisch italienischer Ort im oberen Piavetal. Vom Kreuzbergpaß 21,5 Kilometer entfernt.
Unterkünfte: *Rifugio Fratelli de Gasperi* (1767 m), Club Alpino Italiano; Sektion Carnica Tolmezzo. Bewirtschaftet vom 15. Juni bis 20 September, 56 Betten und 30 Lager, elektrisches Licht. Hüttenwirt: Enrico Brisighelli, Via Melegnano 112, Udine. Hüttentelefon: 0433-69069. Vom westlichen Val Pesarina in 2½ Stunden zur Hütte oder kürzer in 1¾ Stunden vom inneren Val Pesarina aus. *Rifugio Tenente Guiseppe Fabbro* (1800 m), privat. Bewirtschaftet vom 15. Juni bis 30. September, 25 Betten. 3½ Stunden vom Rifugio F. de Gasperi entfernt. Anfahrten mit Pkw von Norden über Campolongo, von Südosten über Sauris oder Ampezzo und von Westen über Vigo di Cadore möglich.
Bergtour: *Creton di Culzei* (2460 m), Aufstieg 3 Stunden, Schwierigkeitsgrad I+.
Rundwanderung: Für ausdauernde Geher in 7 Stunden zu bewältigen.

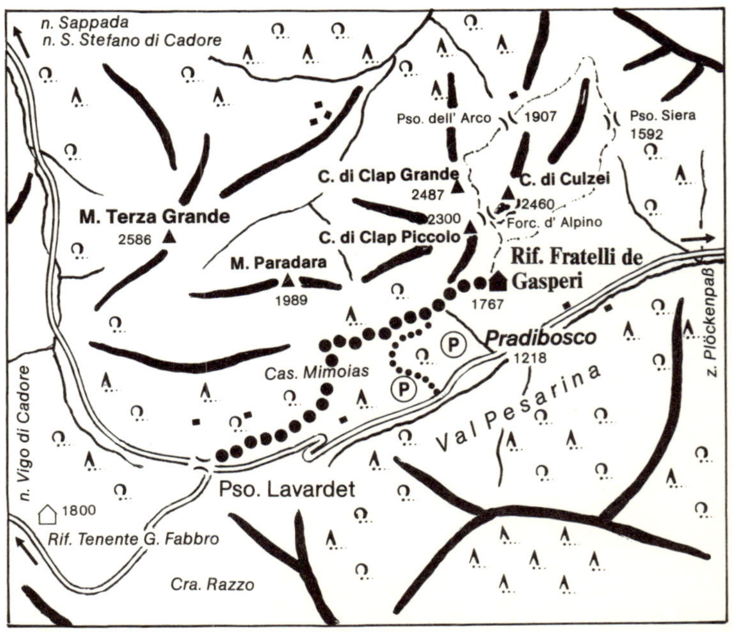

Ausgezeichnet ist der Blick, der sich von der Wiesenoase »Pra di Toro«, gleich beim Rifugio Padova, zu den Bergen der Torokette bietet.

Seite 149 Ausgedehnte Wanderungen in den Karnischen Voralpen bieten sich vom zentral gelegenen Rifugio Padova an.

Rifugio Padova

Stützpunkt in den Karnischen Voralpen, 1278 m

Die Karnischen Voralpen gehören zu den Südlichen Kalkalpen und sind gegen Süden dem Karnischen Hauptkamm vorgelagert. Im Norden und Osten werden die Karnischen Voralpen von dem Hauptstrom Friauls, dem Tagliamento, begrenzt, im Westen von der Piave, im Süden bildet die venezianische Ebene die Grenze. Dieser weitverzweigte Gebirgszug umfaßt insgesamt sieben Hauptgruppen: Cridola- und Monfalconigruppe, Pramaggiore-, Col Nudo- und Cavallo-, Duranno- und Monte-Raut-Gruppe. Vom Formenreichtum der Berge und teilweise vom geologischen Aufbau her hat dieses Gebiet dolomitischen Charakter. Antonio Berti, der große Dolomitenkenner, gab daher diesem Gebirge zu Recht den Namen »Dolomiti d'oltre Piave«, was soviel wie »Dolomiten jenseits der Piave« heißt. Kein Gebiet in den Alpen ist botanisch so interessant und vielseitig.
Mit der Völkerwanderung, dem Hunneneinfall unter Attila und dem Durchzug der Legionen Caesars hat Friaul-Julisch Venetien, Nachbarland Kärntens und Sloweniens, eine bewegte Vergangenheit. Ungefähr 500000 Friauler sprechen, wie die Bündner Romanen im Schweizer Kanton Graubünden und die Ladiner in Südtirol, die rätoromanische Sprache. Die geheimnisvolle Geschichte der rätischen Urbevölkerung ist bis heute nicht ganz geklärt. Fest steht, daß die Römer von »Rätern« sprachen. Der Vermutung nach waren es Veneto-Illyrier, die sich in den Alpentälern seßhaft machten. Die Volksstämme, die von Graubünden bis zu den Grenzen Istriens siedelten, wurden dann beim Zusammenbruch des Römischen Reiches durch fremde Eindringlinge aus dem Norden und Süden weitgehend gespalten. Die Bajuwaren und Alemannen kamen von Norden, von Süden die Ostgoten und Langobarden und später die Franken; sie trieben Keile in die geschlossene Front der Rätoromanen und Ladiner. Der östliche Alpenraum wurde so aufgespalten und es entstanden drei Sprachinseln: die Rätoromanische in Graubünden, die Ladinische in den Dolomiten, die Friaulische in den Karnischen Alpen und in Friaul.

Für die von Norden kommenden Autotouristen sind die Karnischen Voralpen auf folgender Route zu erreichen: Von Brixen durch das Pustertal nach Sexten, über den Kreuzbergpaß in südlicher Richtung ins Piavetal und nach *Domegge di Cadore.* Wer sein Fahrgeschick auf die Probe stellen will, kann von hier bis zum *Rifugio Padova* fahren. Zu Fuß erfordert dieselbe Strecke drei Aufstiegsstunden. In der Ortsmitte führt ein Sträßchen zum Stausee »Lago di Cadore«, über die Brücke zum gegenüberliegenden Seeufer und dann zunehmend steiler im dichten Bergwald empor zum Beginn des *Valle Pra di Toro.* An der Talweitung erblicken wir erstmals die verwegenen Türme und Zacken der Torokette, und nach wenigen Metern erreichen wir die malerisch gelegene Hütte, die am Rande der Wiesenoase »Pra di Toro« steht.
Zwei Jahre nach der Gründung der Sektion Padova des Club Alpino Italiano weihte 1910 ihr erster Präsident Antonio Cattaneo das in der Nähe der Casera Pra di Toro gelegene Schutzhaus ein. Eine Bergspitze in der Torokette, die 2200 Meter hohe Punta Cattaneo, wurde zu Ehren des verdienten Präsidenten benannt. Die Hütte wurde durch eine Lawine zerstört und am Nordrand der »Pra di Toro« von derselben Sektion größer und moderner wieder aufgebaut.
Capanna Tita Barba, Rifugio Pordenone und Rifugio Giaf sind Stationen, die wir bei unseren Streifzügen durch die Karnischen Voralpen berühren. Die Wege, die zum Teil schlecht bezeichnet sind und sich bis zu den Unterkünften lang hinziehen, erfordern ein gehöriges Maß an Ausdauer und guten Orientierungssinn. Sie führen durch eine der schönsten, unberührten Felslandschaften unserer Alpenregion. Schon der Aufstieg vom Rifugio Padova zur 1821 Meter hoch gelegenen *Capanna Tita Barba* hinterläßt Eindrücke, die unvergessen bleiben. Gleich bei der *Padova-Hütte* gehen wir in südwestlicher Richtung zum Waldrand. Dort nehmen wie den bezeichneten Weg 350. In steter Steigung zieht er zur freien Fläche des *El Col* und jenseits hinunter ins *Val Talagona.* Nach Durchschreitung des Wildbaches Talagona steigen wir am orographisch linken Uferrand zur verfallenen *Casera Valle* auf. Den geradeaus führenden Steig über die Forcella Spe und das Bivacco Gervasutti zum Rifugio Pordenone lassen wir noch unberücksichtigt. Nordwestlich

Campanile di Val Montanaia, aufgenommen am Bivacco Perugini. Diese eigenwillige Berggestalt, Wahrzeichen der Dolomiten jenseits der Piave, überragt mit seiner 200 Meter hohen Südwand den höchsten Kirchturm der Welt (Ulmer Münster) um mehr als 30 Meter.

ansteigend, erreichen wir die bewirtschaftete *Casera Vedorchia* und über die Weideböden der *Alpe Vedorchia* die Capanna Tita Barba. Die 31 Höhenmeter zum aussichtsreichen Monte Vedorchia sind in wenigen Minuten geschafft. Einmalig ist die Sicht nach Südosten zur Monfalconigruppe und zur Torokette, die sich von der Forcella Spe bis hinüber zur Forcella Scodavacca erstreckt; links davon das Cridolamassiv, im Norden die Sextener Dolomiten und im Nordwesten die Marmarolegruppe, anschließend der Antelao, Monte Pelmo und die Civetta. Im Süden runden die Berge der Durannogruppe das Bild ab. Besonders konditionsstarke Geher können am selben Tag den Übergang zum *Rifugio Pordenone* noch schaffen. Von der Capanna geht es wieder hinab zur *Casera Valle* und von dort hinauf zur *Forcella Spe* (2049 m). Jenseits der Scharte halten wir uns an der Biwakschachtel Gervasutti östlich und gelangen in den oberen Talschluß des *Val di San Lorenzo.* Der Weg zieht schließlich in weitem Rechtsbogen südwärts zum *Col Cadorin* und über diesen hinweg zu dem nicht mehr zu verfehlenden Rifugio Pordenone. Am nächsten Tag wenden wir uns dem Weg zu, der unterhalb der Hütte nordöstlich durch das *Valle Meluzzo* zum *Rifugio Giaf* führt.Im geröllerfüllten Bachdelta des *Rio Valmenone* weisen rote Farbzeichen zur orographisch rechten Uferseite. Der weiterführende, teilweise unterbrochene Steig bringt uns in mäßigem Anstieg in die Nähe der nicht mehr bewirtschafteten *Casera Valmenone.* In einem weiten Linksbogen geht es hinauf zur *Forcella Urtisiel* (1999 m) und auf der gegenüberliegenden Seite steil abwärts zum Rifugio Giaf. Nun steht uns noch der Übergang über die Forcella Scodavacca zum *Rifugio Padova* bevor. Auf dem gut bezeichneten Steig 346 kommen wir im fichten- und lärchenbestandenen *Val di Giaf* hinauf zur langgestreckten *Forcella Scodavacca* (2043 m) und jenseits durch das *Valle Pra di Toro* abwärts zu unserem Ausgangspunkt.

Touristische Angaben

Talort: *Domegge di Cadore* (763 m), Fremdenverkehrsort im Piavetal, von Cortina d'Ampezzo und vom Kreuzbergpaß jeweils knappe 40 Kilometer entfernt.

Unterkünfte: *Rifugio Padova* (1278 m), Club Alpino Italiano; Sektion Padova. Bewirtschaftet vom 15. Juni bis 30. September, 54 Betten, elektrisches Licht. Hüttenwirt: Angelo Zucca, Via Monferrato 11, Pavia. Hüttentelefon: 0435-72488. Von Domegge leichter Hüttenweg, 3 Stunden. *Capanna Tita Barba* (1821 m), privat. Bewirtschaftet vom 15. Juni bis 20. September, 18 Lager. Vom Rifugio Padova 2½ Stunden entfernt. Der Hüttenberg, *Monte Vedorchia* (1852 m) ist in 10 Minuten zu erreichen. Übergang zum Rifugio Pordenone über die *Forcella Spe* (2049 m), nur für Bergerfahrene, 6 Stunden. *Rifugio Pordenone* (1249 m), Club Alpino Italiano; Sektion Pordenone. Bewirtschaftet vom 15. Juni bis 15. September, 60 Betten und 10 Lager. Übergang zum Rifugio Giaf über die *Forcella Urtisiel* (1999 m), nur für Bergerfahrene, 4 Stunden. *Rifugio Giaf* (1400 m), Club Alpino Italiano; Sektion Udine. Bewirtschaftet vom 1. Juni bis 30. September, 43 Schlafgelegenheiten. Übergang zum Rifugio Padova über die *Forcella Scodavacca* (2043 m), nur für Bergerfahrene, 3 Stunden.

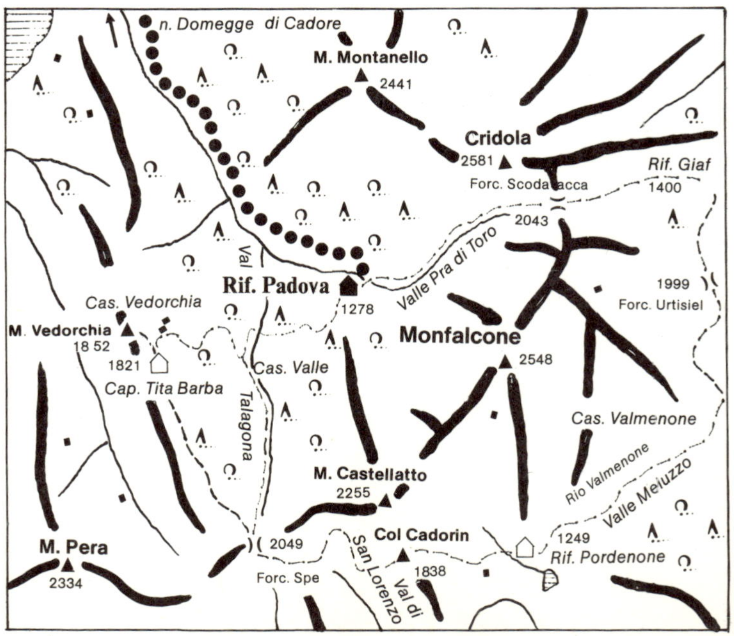

Hinter dem Rifugio 7° Alpini erhebt sich die wuchtige Südwand des 2565 Meter hohen Monte Schiara. Durch diese Wandflucht verläuft von rechts unten nach links oben eine der eindrucksvollsten Steiganlagen der Schiara, die »Via ferrata Zacchi«.

Rifugio Furio Bianchet

Im Nordwesten der Schiaragruppe, 1245 m

Nördlich von Belluno erheben sich die wilden, einsamen und romantischen Berge der Schiaragruppe. Im Westen werden diese Dolomitenberge, die der venetischen Ebene am nächsten sind, durch das Val Cordevole, im Norden durch das Val Vescova und Val Grisol, im Osten und Süden durch den verzweigten Piavefluß begrenzt. Die Südwände der Schiara in ihrer Eleganz und Erhabenheit sind von Belluno aus am schönsten. Der Name Schiara bedeutet in der einheimischen Mundart »Ring«. Aus der Vogelperspektive gesehen, bildet das Schiaramassiv tatsächlich ein gewaltiges Halbrund, das nach Süden hin offen ist.

Bis vor wenigen Jahren war die Schiaragruppe den meisten Alpinisten, auch den italienischen, noch ziemlich unbekannt. Obwohl im Jahre 1878 Gottfried Merzbacher den Hauptgipfel, den Monte Schiara, als erster betrat und darüber ausführlich berichtete, geriet die wildromantische Gruppe in Vergessenheit. Erst im Jahre 1950 wurde von der Sektion Belluno des Club Alpino Italiano ein guter Saumweg gebaut; daraufhin wurde am Fuß der Südwände das Rifugio 7° Alpini errichtet. Zwei Jahre später legte man durch die Südwand der Schiara die kühne Steiganlage »Via ferrata Zacchi« an. Im Jahre 1959 erschloß der Eisenweg »Via ferrata Berti« den Schiaragipfel. Im selben Jahr wurde auch die Biwakschachtel »Ugo Dalla Bernardina« nahe der Felsnadel »Gusela del Vescova« aufgestellt. Die dritte Steiganlage, die den Namen von Gianangelo Sperti, einem Pionier in diesem Gebiet, trägt, wurde in den Jahren 1963/64 gebaut. Auch eine Biwakschachtel wurde ihm gewidmet. Nach weiteren drei Jahren kamen die »Via ferrata Marmol« sowie das »Bivacco del Marmol« am breiten Ostgrat des Monte Schiara hinzu. Sämtliche Erschließungsarbeiten und die Fertigstellung der Dolomiten-Höhenroute ⚠1 haben die Schiaragruppe den hochalpinen Wanderern in Erinnerung gebracht. In den folgenden Jahren mußte infolge des großen Andrangs auch im nördlichen Raum ein Schutzhaus, das Rifugio Furio Bianchet, errichtet werden.

Um den berühmten Civetta-Erschließer Furio Bianchet zu ehren, ist die Hütte nach ihm benannt. Sie wurde im Jahre 1973 inmitten einer Waldlichtung am Platz der früheren Alm »Pian dei Gat« erbaut. Als Bauherr fungierte die staatliche Forstverwaltung. Das moderne und geräumige Haus wurde der Sektion Belluno zur Verwaltung und Betreuung übergeben. Hiermit erhielt die Schiaragruppe einen Stützpunkt, der es auch uns ermöglicht, auf gut angelegten Wanderwegen und gesicherten Steigen das Schiaramassiv näher kennenzulernen. Die klimatischen Verhältnisse und der Wasserreichtum begünstigen eine überaus reiche Pflanzenwelt. In den unteren Regionen ist die Flora fast ganz mediterran, in einer Höhe über 2500 Meter weist sie hochalpinen Charakter auf.

Im *Val Cordevole*, das wir von Belluno aus anfahren, zweigt kurz vor den Häusern von *La Muda* rechts die markierte Forststraße 503 ins Val Vescova ab. Gleich darauf verhindert eine Sperrschranke die Weiterfahrt. Gemächlich aufsteigend gewinnen wir nun zu Fuß rasch an Höhe. Tief unter uns ist das waldreiche Val Cordevole zu sehen, im Westen die in Dunst gehüllten Berge der Monti del Sole mit ihrer üppigen Vegetation. Nach etwa einer Gehstunde wenden wir uns dem wilden, tiefeingeschnittenen *Val Vescova* zu. An der linken Talseite vollzieht sich nun der weitere Aufstieg. Wir erreichen nach zwei Wegstunden eine schattenspendende Laubwaldzone und über eine Holzbrücke den rechten bewaldeten Talhang. Viele Hinweistafeln kündigen das nahe *Rifugio Furio Bianchet* an. Himbeersträucher und dichte Farne säumen den Weg, bis wir aus dem lichter werdenden Wald treten und plötzlich vor dem stattlichen Schutzhaus stehen.

Am nächsten Tag ist unser Gipfelziel der *Monte Schiara*. Frühzeitig brechen wir auf. Markierung 503 führt in südöstlicher Richtung zuerst zwischen mannshohem Strauchwerk hindurch, dann durch Lärchen- und Tannenbestand zu einer bewaldeten Steilstufe im *Van de la S'ciara*. Dort wendet sich unser Weg nach rechts, zieht schräg bergauf und hoch oben links in ein felsiges Kar. Jetzt wird es steiler. Unter den Westwänden des Monte Schiara sind zwei Eisenleitern zu überwinden; nach einer Stunde haben wir die kühn aufragende Felsnadel »Gusela del Vescova« erreicht. In 2360 Meter Höhe finden wir einen Platz zum Rasten und Schauen,

Das Rifugio Furio Bianchet ist neben dem Rifugio 7° Alpini der Stützpunkt, von dem aus die Berge der Schiara, eine von den übrigen Dolomiten getrennte Gebirgsgruppe, erschlossen werden können.

Seite 158 Durch das wildromantische Val Vescova zieht der bequeme Hüttenweg zum Rifugio Bianchet empor. In Dunst gehüllt und von dichter Vegetation überwuchert sind die Berge der Monti del Sole im Westen – fast zu vergleichen mit den Berglandschaften der Tropen.

wie er herrlicher nicht sein könnte. Nach wenigen Schritten sind wir bei der Biwakschachtel »Ugo Dalla Bernardina«. Von hier hilft uns die »Via ferrata Berti« den höchsten Schiaragipfel zu bezwingen. Gut markiert leitet die Route unter gewaltige Überhänge und zum Westgrat des Berges. Steighilfen erleichtern nun das Höherkommen. Aus der Nordwestseite steigen wir bald darauf zum breiten Geröllrücken, der südseitig hinauf zum höchsten Punkt (2565 m) zieht. Vom Gipfelkreuz aus sehen wir die Dolomiten in ihrer ganzen Pracht und Ausdehnung von Süden. Die Stadt Belluno erscheint wie ein Wächter über der im Dunst der venetischen Tiefebene liegenden Adria.

Für den Abstieg zum *Rifugio 7° Alpini* benützen wir die »Via ferrata Marmol«. Sie führt uns über den Ostgrat zum Vorgipfel des Monte Schiara und hinab zum *Bivacco del Marmol* auf der Südseite des Massivs. Der Klettersteig leitet westlich weiter in verschiedene Felsregionen. Erst ein Kamin, dann eine ausgesetzte Querung, ein Überhang, eine Schlucht, alles gut gesichert; so erreichen wir den grasigen Wandfuß und auf gutem Steig das Rifugio 7° Alpini. Der Abstieg von dort zur *Case Bortot* und nach *Belluno* ist mit 501 gut markiert.

Der Übergang vom Rifugio 7° Alpini zum primitiven *Rifugio Pramperet* ist lang und nur sehr ausdauernden Gehern anzuraten. Er ist ein Teilstück der Dolomiten-Höhenroute △1 und mit 514 durchgehend markiert. Rifugio 7° Alpini, Bivacco del Marmol, Forcella Marmol, Forcella Nerville, Casonet de Nerville – hier Abzweigung zum *Rifugio Bianchet* – sind Stationen auf dieser Tour.

Touristische Angaben

Talort: *Belluno* (393 m), hübsches, altertümliches Dolomitenstädtchen, Hauptstadt der Provinz Belluno, am südlichen Rand der Dolomiten und am Piavefluß gelegen, wichtiger Verkehrsknotenpunkt. Hier vereinigen sich die Straßen, die in Nord-Süd-Richtung aus den Dolomiten kommen. Von Trient 108 Kilometer und von Cortina d'Ampezzo 71 Kilometer entfernt.

Unterkünfte: *Rifugio Furio Bianchet* (1245 m), Club Alpino Italiano; Sektion Belluno. Bewirtschaftet vom 15. Juni bis Ende September, 40 Betten. Gaslicht. Hüttenwirt: Bergführer Giovanni da Canal, Via IV. Ottobre 10, Castellavazzo – Belluno. Telefon: 04 37-77 08 22. Von Belluno auf der Staatsstraße Nr. 203 durch das Val Cordevole zu den Häusern von La Muda (Bushaltestelle), 20 Kilometer. Unschwieriger Hüttenweg durch das Val Vescova, 3 Stunden. *Rifugio 7° Alpini* (1491 m), Club Alpino Italiano; Sektion Belluno. Bewirtschaftet vom 1. Juni bis 25. September, 40 Betten und 30 Lager. Ab Case Bortot (Parkplatz), nördlich von Belluno, in 3 Stunden zu erreichen. *Rifugio Pramperet* (1857 m), privat. Bewirtschaftet von Anfang Juli bis Ende September, Schlafraum für 30 Personen. Vom Rifugio Bianchet 5 bis 6 Stunden entfernt.

Bergtouren: *Monte Schiara* (2565 m), zum Bivacco »Ugo Dalla Bernardina« 3 Stunden, und auf der »Via ferrata Berti« 1 Stunde, nur für Geübte; Abstieg zum Rifugio 7° Alpini auf der »Via ferrata Marmol«, 3 Stunden; Übergang vom Rifugio 7° Alpini zum Rifugio Pramperet, 8 bis 9 Stunden.

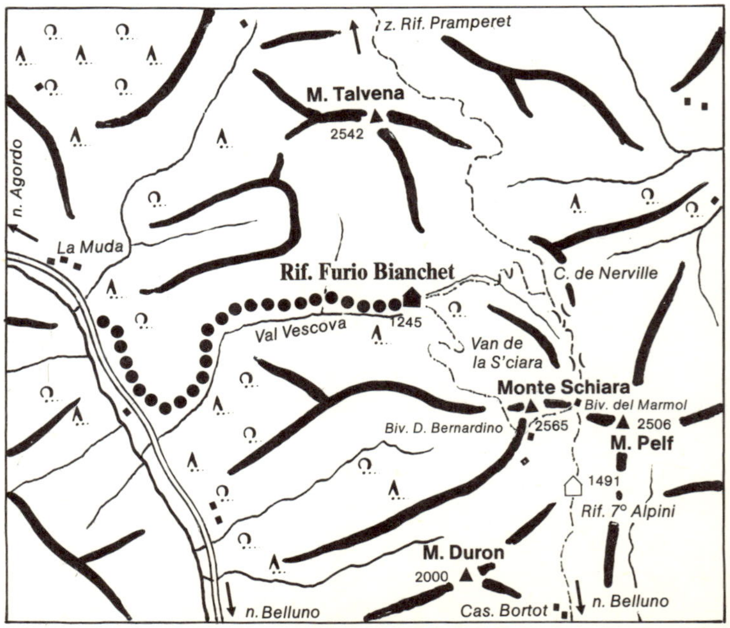

Schrifttum zu den Hüttenwegen

Puflatsch-Hütte

Karten: Kompass-Wanderkarte 1:50000, Bl. 59. Freytag-Berndt-Wanderkarten 1:100000, Bl. 16 und 1:50000, Bl. S1. Tabacco-Wanderkarte 1:50000, Bl. 2.
Führer: Hermann Delago, Dolomiten-Wanderbuch. Tyrolia-Verlag, Innsbruck. Nelles/Nußstein, Wanderkassette, Dolomiten I. Geo-Buchverlag, München.
Literatur: Luis Trenker/Helmut Dumler, Die schönsten Berge der Dolomiten, Die schönsten Höhenwege der Dolomiten. Verlag F. Bruckmann KG, München.

Langkofel-Hütte

Karten: Kompass-Wanderkarte 1:50000, Bl. 59. Freytag-Berndt-Wanderkarten 1:100000, Bl. 16 und 1:50000, Bl. S5. Tabacco-Wanderkarte 1:50000, Bl. 2.
Führer: Hermann Delago, Dolomiten-Wanderbuch. Tyrolia-Verlag, Innsbruck. Nelles/Nußstein, Wanderkassette, Dolomiten I. Geo-Buchverlag, München.
Literatur: Luis Trenker/Helmut Dumler, Die schönsten Höhenwege der Dolomiten. Verlag F. Bruckmann KG, München.

Antermoia-Hütte

Karten: Kompass-Wanderkarte 1:50000,Bl. 59. Freytag-Berndt-Wanderkarten 1:100000, Bl. 16 und 1:50000, Bl. S5. Tabacco-Wanderkarte 1:50000, Bl. 2.
Führer: Hermann Delago, Dolomiten-Wanderbuch. Tyrolia-Verlag, Innsbruck. Nelles/Nußstein, Wanderkassette, Dolomiten I. Geo-Buchverlag, München. Hilde Frass, Die schönsten Klettersteige der Dolomiten. Bergverlag Rudolf Rother, München.
Literatur: Luca Visentini, Der Rosengarten. Verlagsanstalt Athesia, Bozen.

Rotwand-Hütte

Karten: Kompass-Wanderkarte 1:50000, Bl. 59. Freytag-Berndt-Wanderkarten 1:100000, Bl. 16 und 1:50000, Blätter S1 und S5. Tabacco-Wanderkarte 1:50000, Bl. 2.
Führer: Hermann Delago, Dolomiten-Wanderbuch. Tyrolia-Verlag, Innsbruck.
Literatur: Luis Trenker/Helmut Dumler, Die schönsten Höhenwege der Dolomiten. Verlag F. Bruckmann KG, München. Luca Visentini, Der Rosengarten. Verlagsanstalt Athesia, Bozen.

Regensburger Hütte

Karten: Kompass-Wanderkarte 1:50000, Bl. 59. Freytag-Berndt-Wanderkarten 1:100000, Bl. 16 und 1:50000, Bl. S5. Tabacco-Wanderkarte 1:50000, Bl. 2.
Führer: Hermann Delago, Dolomiten-Wanderbuch. Tyrolia-Verlag, Innsbruck. Nelles/Nußstein, Wanderkassette, Dolomiten I. Geo-Buchverlag, München. Hilde Frass, Die schönsten Klettersteige der Dolomiten. Bergverlag Rudolf Rother, München.
Literatur: Luis Trenker/Helmut Dumler, Die schönsten Berge der Dolomiten. Verlag F. Bruckmann KG, München.

Puez-Hütte

Karten: Kompass-Wanderkarte 1:50000, Bl. 59. Freytag-Berndt-Wanderkarten 1:100000, Bl. 16 und 1:50000, Bl. S5. Tabacco-Wanderkarte 1:50000, Bl. 2.
Führer: Hermann Delago, Dolomiten-Wanderbuch. Tyrolia-Verlag, Innsbruck. Nelles/Nußstein, Wanderkassette, Dolomiten I. Geo-Buchverlag, München. Franz Hauleitner, Führer der Dolomiten-Höhenwege 1–3. Bergverlag Rudolf Rother, München.
Literatur: Luis Trenker/Helmut Dumler, Die schönsten Berge der Dolomiten, Die schönsten Höhenwege der Dolomiten. Verlag F. Bruckmann KG, München.

Rifugio Pisciadù

Karten: Kompass-Wanderkarte 1:50000, Bl. 59. Freytag-Berndt-Wanderkarten 1:100000, Bl. 16 und 1:50000, Bl. S5. Tabacco-Wanderkarte 1:50000, Bl. 2.
Führer: Hermann Delago, Dolomiten-Wanderbuch. Tyrolia-Verlag, Innsbruck. Nelles/Nußstein, Wanderkassette, Dolomiten I. Geo-Buchverlag, München. Hilde Frass, Die schönsten Klettersteige der Dolomiten. Bergverlag Rudolf Rother, München. Franz Hauleitner, Führer der Dolomiten-Höhenwege 1–3. Bergverlag Rudolf Rother, München.
Literatur: Luis Trenker/Helmut Dumler, Die schönsten Berge der Dolomiten, Die schönsten Höhenwege der Dolomiten. Verlag F. Bruckmann KG, München.

Rifugio Marmolada

Karten: Kompass-Wanderkarte 1:50000, Bl. 59. Freytag-Berndt-Wanderkarten 1:100000, Bl. 16 und 1:50000, Bl. S5. Tabacco-Wanderkarte 1:50000, Bl. 2.
Führer: Hermann Delago, Dolomiten-Wanderbuch. Tyrolia-Verlag, Innsbruck. Nelles/Nußstein, Wanderkassette, Dolomiten I. Geo-Buchverlag, München. Hilde Frass, Die schönsten Klettersteige der Dolomiten. Bergverlag Rudolf Rother, München. Franz Hauleitner, Führer der Dolomiten-Höhenwege 1–3. Bergverlag Rudolf Rother, München.
Literatur: Luis Trenker/Helmut Dumler, Die schönsten Berge der Dolomiten, Die schönsten Höhenwege der Dolomiten. Verlag F. Bruckmann KG, München.

Rifugio Rosetta

Karten: Kompass-Wanderkarte 1:50000, Bl. 76. Freytag-Berndt-Wanderkarten 1:100000, Bl. 16. Tabacco-Wanderkarte 1:50000, Bl. 4.
Führer: Hermann Delago, Dolomiten-Wanderbuch. Tyrolia-Verlag, Innsbruck. Nelles/Nußstein, Wanderkassette, Dolomiten I. Geo-Buchverlag, München. Franz Hauleitner, Führer der Dolomiten-Höhenwege 1–3. Bergverlag Rudolf Rother, München. Norbert Gatti, Pala-Gruppe. Bergverlag Rudolf Rother, München.
Literatur: Luis Trenker/Helmut Dumler, Die schönsten Höhenwege der Dolomiten. Verlag F. Bruckmann KG, München.

Rifugio Mulaz

Karten: Kompass-Wanderkarte 1:50000, Bl. 76. Freytag-Berndt-Wanderkarte 1:100000, Bl. 16. Tabacco-Wanderkarte 1:50000, Bl. 4.
Führer: Hermann Delago, Dolomiten-Wanderbuch. Tyrolia-Verlag, Innsbruck. Nelles/Nußstein, Wanderkassette, Dolomiten I. Geo-Buchverlag, München. Franz Hauleitner, Führer der Dolomiten-Höhenwege 1–3. Bergverlag Rudolf Rother, München. Norbert Gatti, Pala-Gruppe. Bergverlag Rudolf Rother, München.
Literatur: Luis Trenker/Helmut Dumler, Die schönsten Höhenwege der Dolomiten. Verlag F. Bruckmann KG, München.

Rifugio Camillo Giussani

Karten: Kompass-Wanderkarte 1:50000, Bl. 55. Freytag-Berndt-Wanderkarten 1:100000, Bl. 17 und 1:50000, Bl. S5. Tabacco-Wanderkarte 1:50000, Bl. 1.
Führer: Hermann Delago, Dolomiten-Wanderbuch. Tyrolia-Verlag, Innsbruck. Bürger/Nußstein, Wanderkassette, Dolomiten II. Geo-Buchverlag, München. Hilde Frass, Die schönsten Klettersteige der Dolomiten. Bergverlag Rudolf Rother, München. Franz Hauleitner, Führer der Dolomiten-Höhenwege 1–3. Bergverlag Rudolf Rother, München.
Literatur: Luis Trenker/Helmut Dumler, Die schönsten Berge der Dolomiten, Die schönsten Höhenwege der Dolomiten. Verlag F. Bruckmann KG, München.

Rifugio Monte Lagazuoi

Karten: Kompass-Wanderkarte 1:50000, Bl. 55. Freytag-Berndt-Wanderkarten 1:100000, Bl. 17 und 1:50000, Bl. S5. Tabacco-Wanderkarte 1:50000, Bl. 1.
Führer: Hermann Delago, Dolomiten-Wanderbuch. Tyrolia-Verlag, Innsbruck. Bürger/Nußstein, Wanderkassette, Dolomiten II. Geo-Buchverlag, München. Hilde Frass, Die schönsten Klettersteige der Dolomiten. Bergverlag Rudolf Rother, München. Franz Hauleitner, Führer der Dolomiten-Höhenwege 1–3. Bergverlag Rudolf Rother, München.

Fanes-Hütte

Karten: Kompass-Wanderkarte 1:50000, Bl. 55. Freytag-Berndt-Wanderkarten 1:100000, Bl. 17 und 1:50000, Bl. S5. Tabacco-Wanderkarte 1:50000, Bl. 1.
Führer: Hermann Delago, Dolomiten-Wanderbuch. Tyrolia-Verlag, Innsbruck. Bürger/Nußstein, Wanderkassette, Dolomiten II. Geo-Buchverlag, München. Franz Hauleitner, Führer der Dolomiten-Höhenwege 1–3. Bergverlag Rudolf Rother, München.
Literatur: Luis Trenker/Helmut Dumler, Die schönsten Berge der Dolomiten, Die schönsten Höhenwege der Dolomiten. Verlag F. Bruckmann KG, München.

Seekofel-Hütte

Karten: Kompass-Wanderkarte 1:50000, Bl. 57. Freytag-Berndt-Wanderkarten 1:100000, Bl. 17 und 1:50000, Blätter S5 und S10. Tabacco-Wanderkarte 1:50000, Bl. 1.
Führer: Hermann Delago, Dolomiten-Wanderbuch. Tyrolia-Verlag, Innsbruck. Bürger/Nußstein, Wanderkassette, Dolomiten II. Geo-Buchverlag, München. Franz Hauleitner, Führer der Dolomiten-Höhenwege 1–3. Bergverlag Rudolf Rother, München. Anton Schwingshackl, Führer durch die Pragser Dolomiten. Fremdenverkehrsamt Prags.
Literatur: Luis Trenker/Helmut Dumler, Die schönsten Höhenwege der Dolomiten. Verlag F. Bruckmann KG, München.

Rifugio Cinque Torri

Karten: Kompass-Wanderkarte 1:50000, Bl. 55. Freytag-Berndt-Wanderkarten 1:100000, Bl. 17 und 1:50000, Bl. S5. Tabacco-Wanderkarte 1:50000, Bl. 1.
Führer: Hermann Delago, Dolomiten-Wanderbuch. Tyrolia-Verlag, Innsbruck. Bürger/Nußstein, Wanderkassette, Dolomiten II. Geo-Buchverlag, München. Franz Hauleitner, Führer der Dolomiten-Höhenwege 1–3. Bergverlag Rudolf Rother, München.
Literatur: Luis Trenker/Helmut Dumler, Die schönsten Berge der Dolomiten. Verlag F. Bruckmann KG, München.

Rifugio Gianni Palmieri

Karten: Kompass-Wanderkarte 1:50000, Bl. 55. Freytag-Berndt-Wanderkarten 1:100000, Bl. 17 und 1:50000, Bl. S5. Tabacco-Wanderkarte 1:50000, Bl. 1.
Führer: Hermann Delago, Dolomiten-Wanderbuch. Tyrolia-Verlag, Innsbruck. Bürger/Nußstein, Wanderkassette, Dolomiten II. Geo-Buchverlag, München. Franz Hauleitner, Führer der Dolomiten-Höhenwege 1–3. Bergverlag Rudolf Rother, München.
Literatur: Luis Trenker/Helmut Dumler, Die schönsten Höhenwege der Dolomiten. Verlag F. Bruckmann KG, München.

Rifugio Venezia al Pelmo Alba Maria de Luca

Karten: Kompass-Wanderkarte 1:50000, Bl. 55. Freytag-Berndt-Wanderkarten 1:100000, Bl. 17 und 1:50000, Bl. S5. Tabacco-Wanderkarte 1:50000, Bl. 1.
Führer: Hermann Delago, Dolomiten-Wanderbuch. Tyrolia-Verlag, Innsbruck. Bürger/Nußstein, Wanderkassette, Dolomiten II. Geo-Buchverlag, München. Franz Hauleitner, Führer der Dolomiten-Höhenwege 1–3. Bergverlag Rudolf Rother, München.
Literatur: Luis Trenker/Helmut Dumler, Die schönsten Berge der Dolomiten, Die schönsten Höhenwege der Dolomiten. Verlag F. Bruckmann KG, München.

Rifugio »Adolfo Sonino« al Coldai

Karten: Kompass-Wanderkarte 1:50000, Bl. 55. Freytag-Berndt-Wanderkarten 1:100000, Bl. 17. Tabacco-Wanderkarte 1:50000, Bl. 4.
Führer: Hermann Delago, Dolomiten-Wanderbuch. Tyrolia-Verlag, Innsbruck. Bürger/Nußstein, Wanderkassette, Dolomiten II. Geo-Buchverlag, München. Franz Hauleitner, Führer der Dolomiten-Höhenwege 1–3. Bergverlag Rudolf Rother, München.

Rifugio Guido Lorenzi

Karten: Kompass-Wanderkarte 1:50000, Bl. 55. Freytag-Berndt-Wanderkarten 1:100000, Bl. 17 und 1:50000, Bl. S10. Tabacco-Wanderkarte 1:50000, Bl. 1.
Führer: Hermann Delago, Dolomiten-Wanderbuch. Tyrolia-Verlag, Innsbruck. Bürger/Nußstein, Wanderkassette, Dolomiten II. Geo-Buchverlag, München. Hilde Frass, Die schönsten Klettersteige der Dolomiten. Bergverlag Rudolf Rother, München.

Rifugio Vandelli al Sorapis

Karten: Kompass-Wanderkarte 1:0000, Bl. 55. Freytag-Berndt-Wanderkarten 1:100000, Bl. 17 und 1:50000, Bl. S10. Tabacco-Wanderkarte 1:50000, Bl. 1.
Führer: Hermann Delago, Dolomiten-Wanderbuch. Tyrolia-Verlag, Innsbruck. Hilde Frass, Die schönsten Klettersteige der Dolomiten. Bergverlag Rudolf Rother, München. Franz Hauleitner, Führer der Dolomiten-Höhenwege 1–3. Bergverlag Rudolf Rother, München.
Literatur: Luis Trenker/Helmut Dumler, Die schönsten Höhenwege der Dolomiten. Verlag F. Bruckmann KG, München.

Rifugio San Marco

Karten: Kompass-Wanderkarte 1:50000, Bl. 55. Freytag-Berndt-Wanderkarten 1:100000, Bl. 17 und 1:50000, Bl. S10. Tabacco-Wanderkarte 1:50000, Bl. 1.
Führer: Hermann Delago, Dolomiten-Wanderbuch. Tyrolia-Verlag, Innsbruck. Franz Hauleitner, Führer der Dolomiten-Höhenwege 1–3. Bergverlag Rudolf Rother, München.

Rifugio Baion

Karten: Kompass-Wanderkarten 1:50000, Blätter 55 und 58. Freytag-Berndt-Wanderkarten 1:100000, Bl. 17 und 1:50000, Bl. S10. Tabacco-Wanderkarte 1:50000, Bl. 1.
Führer: Hermann Delago, Dolomiten-Wanderbuch. Tyrolia-Verlag, Innsbruck. Franz Hauleitner, Führer der Dolomiten-Höhenwege 4–6. Bergverlag Rudolf Rother, München. Antonio Berti, Dolomiti Orientali, Volume I – Parte 1a. Club Alpino Italiano und Touring Club Italiano, Milano.

Drei-Schuster-Hütte

Karten: Kompass-Wanderkarte 1:50000, Bl. 57. Freytag-Berndt-Wanderkarten 1:100000, Bl. 17 und 1:50000, Bl. S10. Tabacco-Wanderkarte 1:50000, Bl. 1.
Führer: Hermann Delago, Dolomiten-Wanderbuch. Tyrolia-Verlag, Innsbruck. Franz Hauleitner, Führer der Dolomiten-Höhenwege 4–6. Bergverlag Rudolf Rother, München. Sexten grüßt seine Gäste. Fremdenverkehrsamt, Sexten.
Literatur: Trenker/Dumler, Die schönsten Berge der Dolomiten. Verlag F. Bruckmann KG, München.

Drei-Zinnen-Hütte

Karten: Kompass-Wanderkarte 1:50000, Bl. 58. Freytag-Berndt-Wanderkarten 1:100000, Bl. 17 und 1:50000, Bl. S10. Tabacco-Wanderkarte 1:50000, Bl. 1.
Führer: Hermann Delago, Dolomiten-Wanderbuch. Tyrolia-Verlag, Innsbruck. Franz Hauleitner, Führer der Dolomiten-Höhenwege 4–6. Bergverlag Rudolf Rother, München. Sexten grüßt seine Gäste. Fremdenverkehrsamt, Sexten.
Literatur: Luis Trenker/Helmut Dumler, Die schönsten Berge der Dolomiten, Die schönsten Höhenwege der Dolomiten. Verlag F. Bruckmann KG, München.

Zsigmondy-Comici-Hütte

Karten: Kompass-Wanderkarte 1:50000, Bl. 58. Freytag-Berndt-Wanderkarten 1:100000, Bl. 17 und 1:50000, Bl. S10. Tabacco-Wanderkarte 1:50000, Bl. 1.
Führer: Hermann Delago, Dolomiten-Wanderbuch. Tyrolia-Verlag, Innsbruck. Hilde Frass, Die schönsten Klettersteige der Dolomiten. Bergverlag Rudolf Rother, München. Franz Hauleitner, Führer der Dolomiten-Höhenwege 4–6. Bergverlag Rudolf Rother, München. Sexten grüßt seine Gäste. Fremdenverkehrsamt, Sexten.
Literatur: Trenker/Dumler, Die schönsten Höhenwege der Dolomiten. Verlag F. Bruckmann KG, München.

Rotwandwiesen-Hütte

Karten: Kompass-Wanderkarte 1:50000, Bl. 58. Freytag-Berndt-Wanderkarten 1:100000, Bl. 17 und 1:50000, Bl. S10. Tabacco-Wanderkarte 1:50000, Bl. 1.
Führer: Hermann Delago, Dolomiten-Wanderbuch. Tyrolia-Verlag, Innsbruck. Hilde Frass, Die schönsten Klettersteige der Dolomiten. Bergverlag Rudolf Rother, München. Sexten grüßt seine Gäste. Fremdenverkehrsamt, Sexten.
Literatur: Oswald Ebner, Kampf um die Sextener Rotwand. Verlagsanstalt Athesia, Bozen.

Rifugio Citta di Carpi

Karten: Kompass-Wanderkarte 1:50000, Bl. 55. Freytag-Berndt-Wanderkarten 1:100000, Bl. 17 und 1:50000, Bl. S10. Tabacco-Wanderkarte 1:50000, Bl. 1.
Führer: Hilde Frass, Die schönsten Klettersteige der Dolomiten. Bergverlag Rudolf Rother, München. Franz Hauleitner, Führer der Dolomiten-Höhenwege 4–6. Bergverlag Rudolf Rother, München.
Literatur: Trenker/Dumler, Die schönsten Höhenwege der Dolomiten. Verlag F. Bruckmann KG, München.

Rifugio Fratelli de Gasperi

Karten: Amtliche italienische Kartenblätter 1:50000 und 1:25000.
Führer: Franz Hauleitner, Führer der Dolomiten-Höhenwege 4–6. Bergverlag Rudolf Rother, München.

Rifugio Padova

Karten: Amtliche italienische Kartenblätter 1:50000 und 1:25000.
Führer: Franz Hauleitner, Führer der Dolomiten-Höhenwege 4–6. Bergverlag Rudolf Rother, München. Antonio Berti, Dolomiti Orientali, Volume II – Dolomiti d'oltre Piave. Club Alpino Italiano und Touring Club Italiano, Milano.

Rifugio Furio Bianchet

Karten: Kompass-Wanderkarte 1:50000, Bl. 77. Freytag-Berndt-Wanderkarten 1:100000, Bl. 17. Tabacco-Wanderkarte 1:50000, Bl. 4.
Führer: Bürger/Nußstein, Wanderkassette, Dolomiten II. Geo-Buchverlag, München. Hilde Frass, Die schönsten Klettersteige der Dolomiten. Bergverlag Rudolf Rother, München. Franz Hauleitner, Führer der Dolomiten-Höhenwege 1–3. Bergverlag Rudolf Rother, München.

Allgemeine Literatur

Karl Felix Wolff, Dolomiten-Sagen. Tyrolia-Verlag, Innsbruck.
Das große Dolomitenbuch. Deutscher Bücherbund, Stuttgart-Hamburg. 1965.
Gunther Langes, Ladinien. Verlagsanstalt Athesia, Bozen.
Remo Pedrotti, Dolomiten (Rosengarten, Dolomiten des Gröden- und Fassatales, Pala-Gruppe, Sextener Dolomiten). Manfrini Verlag, Calliano, Trento.
Enrico Rossaro, Ampezzaner Dolomiten. Manfrini Verlag, Calliano, Trento.
Sepp Schnürer, Die Dolomiten auf hohen Routen. Bergverlag Rudolf Rother, München.
Alois Staindl, Kurze Geologie von Südtirol. Verlag A. Weger, Brixen.
Zeitschrift des Deutschen und Österreichischen Alpen-Vereines 1919, Seite 74 und Seite 199.
Paula Kohlhaupt, Herbert Reisigl, Blumenwelt der Dolomiten. Verlagsanstalt Athesia, Bozen.
Gunther Langes, Die Front in Fels und Eis. Verlagsanstalt Athesia, Bozen.
Walther Schaumann, Führer zu den Schauplätzen des Dolomitenkrieges. Verlag Foto Ghedina, Cortina d'Ampezzo.
Heinz von Lichem, Der Einsame Krieg. Hornung-Verlag Viktor Lang, München.
Fritz Weber, Alpenkrieg, Band II. Artur Kollitsch Verlag, Klagenfurt/Wien. 1935.

Die Kartenskizzen auf dem Vorsatz und zu den einzelnen Hüttenwegen stammen von Evelyn Bayer, Großinzemoos. Alle Höhen sind nach den Tabacco-Wanderkarten angegeben.

BRUNECK
Rienz
BRIXEN
St. Vigil in Enneberg
Seekofe
Eisack
Fanes Hütte
St. Ulrich
Regensburger Htt
Puez Hütte
Rif. Guid
Kastelruth
St. Cristina
Rif. Camillo Giussani
Puflatsch Htt.
Wolkenstein
Colfuschg
Seis
Langkofel Htt.
Rif. Pisciadù
Rif. M. Lagazuoi
BOZEN
Rif. Cinque Torri
Antermoia Htt.
Rif. Gianni Paln
Rotwand Htt.
Rif. Marmolada
Pera
Welschnofen
Caprile
Alleghe
Rif. Venezia
Etsch
Avisio
Rif. Coldai
AUER
PREDAZZO
Rif. Mulaz
CAVALESE
Rif. Rosetta
San Martino di Castrozza
Cordèvole
R
Piave
FELTRE